島田裕巳

平成宗教20年史

GS
幻冬舎新書
104

はじめに

平成という時代も、20年目を終える。足かけ64年続いた昭和の時代に比較するならば、まだその歴史は浅い。だが、20年という歳月が過ぎることで、平成も昭和とは明らかに異なる一つの時代としての個性を形作るようになってきた。昭和が20年の歴史を終えようとしているときには、日本は敗戦という大きな転換点を経験していた。

平成がはじまった直後、ベルリンの壁は崩壊し、バブル経済も崩壊した。平成という時代が、この二つの決定的な崩壊からはじまったことの意味は大きい。

ベルリンの壁崩壊は、世界全体に根本的な変化をもたらす出来事となったが、バブル経済の崩壊は日本で起こった出来事であった。その後の日本社会は、長期にわたる不況を経験し、それは「失われた10年」と言われた。平成の時代のおよそ半分が、日本社会にとっては今後に対する強い不安をともなった危機の時代であったことになる。

その後、世界では、バブルの発生とその崩壊がくり返され、ついに平成20年の秋、世界は

「金融恐慌」とも呼ばれる経済危機に直面した。その意味で、日本のバブル経済とその崩壊は、先駆的な現象だった。それだけ、日本の経済は世界の最先端を進んできたのである。

そして、平成の時代、日本では宗教ということが重大な社会問題として浮上した。とくに、宗教にまつわるさまざまな事件や出来事が起こり、それは社会に大きな影響を与えた。

平成7年にはオウム真理教による地下鉄サリン事件が起こった。また、平成5年と11年には、創価学会の組織した公明党が連立政権に参加した。とくに、平成11年の自民党との連立は長期に及んでいる。それは、新宗教の教団が、間接的ではあるが政治権力に対して影響力を行使するようになったことを意味する。

昭和の時代でも、宗教は時代に大きな影響を与えた。昭和20年まで、皇室を中心とした「国家神道」は、社会的な儀礼として国民に強制された。その陰で、新宗教が台頭するとともに、政治権力によって弾圧も受けた。そして、戦後になると、創価学会をはじめとする新宗教が膨大な数の信者を集め、巨大教団へと発展していった。

しかし、オウム真理教のように、国家権力に対して大規模なテロを試みるような宗教は、昭和の時代には現れなかった。創価学会にしても、高度経済成長の時代に、公明党を組織して政界に進出はしたが、公明党は万年野党にとどまっていた。

その意味で、平成の時代に入ってはじめて、宗教が国家の中枢にかかわりをもったことになる。少なくとも、平成の時代を語る上で、宗教のこと、とくに新宗教を無視してかかることはできない。

では、平成の時代において、宗教はどのような出来事を生み、社会にどのような影響を与えたのだろうか。それを概説することが本書の目的である。

本書は、昨年刊行した『日本の10大新宗教』（幻冬舎新書）の続編でもある。『日本の10大新宗教』では、日本の主だった新宗教について紹介と解説を試みたが、社会的な評価の定まっていない教団については取り上げなかった。本書では、オウム真理教をはじめ、そうした、より新しい新宗教についても、その動向を追うことにした。

また、最近では、「スピリチュアル・ブーム」ということが言われているが、それも平成の時代に入ってからの現象である。なぜそうしたブームが生まれたのか。平成における宗教の歩みを追っていくなかで、その点も自ずと明らかになっていくはずである。

平成20年11月1日

島田裕巳

平成宗教20年史／目次

はじめに 3

昭和63年（1988年） 自粛騒動と時代の転換 17

6日間しかなかった昭和最後の年 17
現世利益を掲げて巨大化した新宗教 18
新新宗教に集まった元祖「自分探し」の若者たち 21
バブルの絶頂と直後の崩壊からはじまる平成 23

平成元年（1989年） バブルの頂点とオウム真理教 27

裕次郎、手塚、松下、ひばりと続いた昭和の大物の死 27
オウム糾弾キャンペーンと坂本弁護士事件 30
ソ連崩壊とオウム真理教 33

平成2年（1990年） オウムの選挙と変わる創価学会 36

衆議院議員選挙に出た麻原彰晃 36
オウムと私と創価学会 38
激減した大石寺への参拝者 41

平成3年（1991年） 幸福の科学の台頭と散骨の容認 45
テレビ対決、オウムVS幸福の科学 45
学歴をめぐる2教団の共通点 48
「自分探し」の萌芽と自己啓発セミナー 50
『悪魔の詩』翻訳者殺害事件 52
散骨の合法化と葬送習俗の変化 54
平成4年（1992年） オウムのロシア進出と合同結婚式 57
ロシアからのサリン 57
フリーセックス教団「愛の家族」糾弾キャンペーン 60
桜田淳子らが参加した統一教会の合同結婚式 61
カルト宗教の定義 64
創価学会、日蓮正宗と決定的対立 65
平成5年（1993年） 集団自殺とマインド・コントロール 67

ブランチ・ダビディアンの集団自殺事件 67
統一教会脱会とマインド・コントロール 69
統一教会その勧誘の実態 72
サイババ・ブームとホラー・ブーム 74
結党30年の悲願、公明党の連立政権参加 76

平成6年（1994年）サイババ・ブームと政治問題化する創価学会 78
アガスティアの葉とスピリチュアル・ブーム 78
死者8人、重軽症者660人の松本サリン事件 81
四月会の結成と公明党の解党 84
強まるカルト宗教への批判 86

平成7年（1995年）地下鉄サリンと私へのバッシング 89
サリンと第7サティアン 89
3月20日、地下鉄サリン事件 91
村井秀夫刺殺事件と麻原彰晃逮捕 94

ある女性祈禱師と6体の腐乱死体 97
私へのバッシング騒動 98

平成8年（1996年） 麻原初公判と宗教法人法改正 101
予想外だった麻原彰晃の初公判 101
裁判からの醜悪な逃避 103
宗教法人法改正と池田大作の国会証人喚問 106
裁判で認められたエホバの証人の主張 108

平成9年（1997年） 破防法の棄却と酒鬼薔薇事件 111
賛否両論となった公安審査委員会の判断 111
法の華三法行の不法な資金集め 115
酒鬼薔薇聖斗のバモイドオキ神 117

平成10年（1998年） 戒名批判とヤマギシ会批判 120
公明党の復党と大石寺正本堂解体 120
高額戒名料への高まる批判 122

団塊の世代のユートピア　124
ヤマギシ会の児童虐待と指導者・杉本利治の死　126
平成11年（1999年）オウムの復活とライフスペース　130
ノストラダムスの大予言とオウムの激安パソコン・ソフト販売　130
団体規制法でのオウム観察処分と上祐の出所　132
ライフスペースの「定説」と遺体写真　135
政界への影響力を増す公明党＝創価学会　138
平成12年（2000年）宗教による詐欺とカルト認定された創価学会　140
正当化されたアレフの存続　140
宗教なのか、詐欺なのか　142
フランスでは創価学会もカルト宗教　144
死への恐怖とカルト宗教　146
森喜朗首相「神の国」発言は果たして宗教問題だったのか　148

平成13年(2001年) 法輪功と千石イエスの死 150
キューブリックが予測できなかった世界 150
わずか7年で信者1億人突破の法輪功 151
9・11テロとオウム真理教の共通点 154
千石イエスの死 157
平成14年(2002年) 真如苑の経済力と首相の靖国参拝 160
739億円で日産の工場跡地を買収した真如苑 160
霊的なカウンセリングで信者90万人 162
織田無道の宗教法人乗っ取り事件 164
小泉首相の靖国神社参拝と国内外の反発 166
平成15年(2003年) 白装束騒動と池田大作重病説 169
ラエリアン・ムーブメントのクローン人間第1号 169
謎の白装束集団パナウェーブ研究所 170
5月3日創価学会の日に欠席した池田大作の重病説 174

入院中に見た幻覚は神秘体験だったのか 176

平成16年（2004年） 麻原死刑判決と顕正会 179
解明されないまま終息するオウムの謎 179
タブーが影を潜めはじめる創価学会 181
会員300万人をめざす顕正会 183
薄れゆく宗教への警戒とスピリチュアル・ブーム 185

平成17年（2005年） 好景気のなかの宗教と江原ブーム 188
パウロ永田の性と暴力 188
東大卒教祖のセックス教団ザイン 190
次世紀ファームの真光元が効かず糖尿病患者死亡 192
自分探しの果ての『オーラの泉』 193

平成18年（2006年） 摂理とキャンパスのカルト 196
控訴棄却で麻原彰晃の死刑判決確定 196

摂理と日本の国立大学・有名私立大学 198
「人生の目的」に免疫のない昨今の大学生 200
まさに「人生の目的」で勧誘する親鸞会 202
悠仁親王誕生と宮家消滅の危機 204
平成19年（2007年） パワー・フォー・リビングと平成宗教史の主役たち 206
謎の教団パワー・フォー・リビング 206
桜田淳子の芸能界復帰と統一教会 207
アーレフの経済的破綻と分裂 209
政界で低下する公明党のプレゼンス 212
21人の逮捕者を出した紀元会の集団暴行事件 214
平成20年（2008年） 民族化する創価学会とおひとりさま宗教 216
御本尊と聖地がなくなっても変化しない宗教団体 216
もはや民族になった創価学会員 218

おひとりさま宗教としての真如苑 222
ハリー・ポッターと『20世紀少年』 225
おわりに 227

昭和63年（1988年）自粛騒動と時代の転換

6日間しかなかった昭和最後の年

昭和の最後の年は、昭和64年である。西暦で言えば1989年にあたる。

だが、昭和天皇は1月7日の午前6時33分に87歳の生涯を閉じており、その日に改元され、時代は平成へと移った。したがって、昭和64年は、実質的にわずか6日間しか続かなかった。その点では、昭和63年が事実上の昭和最後の年であった。

昭和天皇が病いに倒れたのは、昭和63年9月19日のことである。天皇は大量吐血《とけつ》し、重体に陥った。その事実が明らかになると、報道各局は緊急で特別番組を放送した。それ以降、天皇の病状、血圧や脈拍が逐次《ちくじ》テレビなどを通して伝えられるという特異な事態が生まれた。

日本各地には記帳所が設けられ、1週間で235万人もの国民が、天皇の無事を祈って記帳した。最終的な記帳者の数は900万人にものぼった。

それと並行して、歌舞音曲《かぶおんぎょく》を伴う各種の行事が自粛された。

プロ野球セ・リーグで優勝した中日ドラゴンズは、恒例のビールかけやパレードを中止した。歌手の五木ひろしは結婚披露宴を中止した。

「自粛」は流行語にもなった。行き過ぎが目立ったことから、当時の皇太子（現天皇）は、「過剰な反応は陛下のお心に沿わないのでは」と発言しなければならなかった。昭和天皇が倒れてから亡くなるまでの3カ月半、日本の社会は重苦しい空気に包まれた。

戦後における宗教をめぐる状況は、昭和天皇が昭和21年元旦に行った、いわゆる「人間宣言」から大きな変化を見せた。戦前から戦中にかけて、天皇は「現人神《あらひとがみ》」として祭り上げられ、日本の社会は現人神としての天皇のもとに無謀な戦争に突入していった。その天皇が、自らの神性を否定したことは大きな意味をもった。

現世利益を掲げて巨大化した新宗教

『日本の10大新宗教』でもふれたとおり、空白となった現人神に取って代わろうとするかのように、璽宇《じう》の璽光尊《じこうそん》や天照皇大神宮教《てんしょうこうたいじんぐうきょう》（踊る宗教）の北村サヨが名乗りを上げ、奇抜なパフォーマンスで、荒廃した日本社会の復興をめざしていた一般の日本人に衝撃を与えた。

しかしそれは、戦後における社会の根本的な変化の前触れにすぎなかった。昭和30年代に入って、日本が高度経済成長の時代を迎えると、宗教をめぐる状況には根本的な変化が訪れる。

一つは、創価学会をはじめとする、立正佼成会《りっしょうこうせいかい》や霊友会《れいゆうかい》などの日蓮《にちれん》系・法華《ほっけ》系の教団を中心とした新宗教の台頭である。それぞれの教団は莫大な数の信者を獲得することで、巨大教団への道を歩んでいった。この時代、新宗教は主に「新興宗教」と呼ばれ、既成宗教とは異なって爆発的なエネルギーをもつ宗教団体として注目され、また警戒もされた。

もう一つは、伝統的な宗教の衰退、ないしは変容という出来事だった。実はこれは、新宗教の台頭の裏側で起こった現象でもあった。新宗教の信者となったのは、高度経済成長の波に乗って地方から大都市部に出てきたばかりの人間たちであった。彼らが農村から大量に出ていったために、農村部では人口が激減し、過疎化という事態が生まれた。

それは、地方の村で行われてきた祭祀《さいし》を衰退させる方向に作用し、農家の家の信仰であった祖先祭祀にも大きな打撃を与えた。一方、都会に出ていった人間たちは、都市で家をかまえても、当座は仏壇も神棚も祀《まつ》らず、祖先崇拝を中心とした伝統的な祭祀を実践することがなかった。祖先祭祀を行うには、その家固有の祖先の存在が前提になる。ところが、都市にできた新しい家には、祀るべき祖先が存在しなかったのである。

こうした変化にともなって、葬送の形式にも変化が訪れる。昭和20年代まで、日本の大部分の地域では、土葬が行われていた。ところが、都市化の進展によって、土葬を続けることが難しくなり、一挙に火葬が広まっていく。火葬になれば、葬儀のやり方自体も変化する。その点でも、日本人の宗教環境は戦後、大きな変化を被《こうむ》ったのである。

ただ、新宗教の勢力拡大が、高度経済成長を背景に起こったものである以上、経済の飛躍的な発展が曲がり角に達すると、その拡大にブレーキがかからざるを得なかった。

昭和48年、日本は「オイル・ショック」に見舞われた。それによって、高度経済成長は転換点にさしかかり、急速な経済の拡大は難しくなる。それは、新宗教にも影響を与えた。

そもそも、戦後に巨大教団への道を歩んだ新宗教は、現世利益《げんぜりやく》の実現をスローガンに掲げていた。「信仰しさえすれば豊かになれる」が合いことばだった。そうしたスローガンや合いことば自体が時代にそぐわないものになろうとしていた。

オイル・ショックは、日本の将来に対して強い不安を生んだ。とくに若い世代は、日本ばかりか世界に終わりがもたらされるのではないかという恐怖を抱くようになった。この年には、五島勉《ごとうべん》の『ノストラダムスの大予言』という本がベストセラーになり、1999年に世界が滅びるとするノストラダムスの予言が流行する。若い世代は、この予言に影響され、なかにはその予言を前提に自らの人生を組み立てる者さえ現れた。

翌昭和49年には、超能力者を自称するユリ・ゲラーという人物が来日し、テレビに出演して、スプーン曲げなどを披露したことから、「超能力ブーム」が巻き起こる。

新新宗教に集まった元祖「自分探し」の若者たち

こうした時代背景のもと、終末論や超能力、あるいはオカルトといったことを売り物にする新しいタイプの新宗教が台頭した。そうした教団は、新宗教よりもさらに新しいということで、「新新宗教」と呼ばれるようになる。

従来の新宗教が、あくまで現世利益を追求し、教団の組織力を活用して人々の救済にあたったのに対して、新新宗教は、現実の社会が与えてくれるのとは異なる別の価値を与えてくれる場として関心を集めた。新新宗教の教団には、今で言う「自分探し」の若者たちが集まってきた。

新新宗教にあたるのが、世界真光文明教団《せかいまひかりぶんめいきょうだん》、崇教真光《すうきょうまひかり》、神霊教《しんれいきょう》、世界基督教統一神霊協会《せかいキリストきょうとういつしんれいきょうかい》（統一教会《とういつきょうかい》）、エホバの証人（ものみの塔）などである。霊友会《れいゆうかい》のように、「インナートリップ路線」を開始し、若者たちを教団のなかに取り込もうとした既成の新宗教もあった。

日本社会の経済環境の方は、昭和50年代後半に入ると、消費社会の傾向が強まり、消費行動が現代における文化的な行為の最先端に位置づけられた。そして、昭和60年代に入ると、日本の社会は本格的なバブル経済の時代に突入する。そして、日本が世界の最先端を行っているという認識が広まっていく。「ジャパン・アズ・ナンバーワン」の時代が訪れたのである。

高度経済成長の時代に見られたように、経済が活性化することは、新しい宗教が勢力を拡大していくための必須の条件である。

よく「苦しいときの神頼み」ということが言われる。だが、実は人は、本当に苦しいとき、とくに経済的な環境が好ましくないときには神頼みなどしないし、その余裕もない。人が熱心に神頼みをするのは、むしろ経済的な環境が好転し、熱心に信仰しつつ、経済的な活動に邁進《まいしん》していれば、豊かさが保証されるときにおいてである。

その点では、バブル経済の時代は、神頼みが流行し、新しい宗教がその勢力を拡大するにはふさわしい時期だった。実際、平成の時代に入って、さまざまな形で話題になる新宗教の教団は、軒並みバブルの時代に勢力を拡大し、組織の基盤を確立していった。

バブルの時代以降に流行する新宗教の場合、それはオウム真理教に典型的に見られることだが、高度経済成長の時代に発展した新宗教とは対照的に、現世利益を強調することはなく、むしろ経済的な豊かさを求めることを煩悩《ぼんのう》として否定的にとらえる傾向が強かった。だからこそ、オウム真理教の場合には、現世を離脱する「出家《しゅつけ》」を強く勧めたのである。

そうした新宗教に魅力を感じるのは、現実の社会に生きることに虚しさを感じるようになった人間たちである。彼らは、金だけがすべてというバブル的な社会の様相に対して反発し、その流れについていけなかった。そこで、現世の価値を否定し、それに代わる生き方を提示してくれる新宗教に引かれていったのである。

現世を捨て、オウム真理教などに出家していく人間、あるいはそうした教団に布施《ふせ》する人間のなかには、不動産などを所有し、教団に対して多額の金を出すことができる人間が少なかった。この時代、一般のサラリーマンでも、持ち家を売却すれば、億を超える金を得ることができた。それほど、不動産価格は高騰していたのである。

その結果、バブルの時代、新宗教には、多額の金が流れ込むようになっていく。オウム真理教が、1000名を超える出家者を抱え、ロシアに進出し、さらには二件のサリン事件を引き起こす武装化を推し進めることができるだけの資金力をもち得たのも、バブルが生んだ経済環境が存在したからである。

バブルの絶頂と直後の崩壊からはじまる平成

バブルの恩恵を被ったのは、オウム真理教だけではなかった。地下鉄サリン事件の後、オウム真理教と同様に共同体を組織しているということで注目され、やがては「カルト」として批判を受けることになるヤマギシ会の場合にも、共同体に参加する人間は、その時点で、全財産を共同体に出資することになっており、バブルの時代にはそれを通して多額の資金を集めることができた。

統一教会による「霊感商法」が問題になるのも、バブルの時代からバブル崩壊の時期にかけてのことで、法の華三法行《ほうはなさんぽうぎょう》が大規模な金集めを行ったのも、まさに同じ時代であった。創価学会でも、同じ時期、金をめぐるスキャンダルが頻発した。

歴史的に考えても、宗教というものは、社会が経済的な発展を遂げ、金余りの状況が生まれると、その余った金を吸収する役割を果たしてきた。世界の名だたる宗教的建築物や宗教美術は、そうした金余りを背景として生み出されたものである。多額の金を儲けた人間には、どこか罪悪感がつきまとう。宗教に対して寄進《きしん》することで、その罪悪感を払拭《ふっしょく》しようとするのが人間の性《さが》なのである。

平成という時代は、このバブルの時代にはじまった。この時期、土地の値上がりは続き、株式市場は活況を呈していた。日本の経済は、世界一の実力をもつと喧伝《けんでん》され、日本の企業や投資家は、国内ばかりか海外においても積極的な投資を行い、世界を買い占める勢いを見せていた。

日本の社会には金があふれ、高級な外国車が飛ぶように売れ、有名画家の絵画には途方もない値段がついた。就職戦線は、完全な売り手市場で、いくつもの企業から内定を貰う学生が次々と現れた。

しかし、平成元年の大納会において、日経平均株価が3万8915円87銭をつけたのがピークで、やがてバブルは崩壊する。

平成の時代は、さまざまな意味での崩壊からはじまった。平成元年11月には、ベルリンの壁が崩壊し、それは戦後長く続いた冷戦に終焉をもたらすことになった。

実質的な昭和最後の年である昭和63年の時点で、果たしてバブル経済の崩壊と冷戦の崩壊とを予測した人間がいたであろうか。多くの人間は、東西の冷戦が継続されるなかで、日本では地価と株価の上昇が続いていくものと考え、周囲の環境が根本的な変化を経験するとは考えもしなかった。

しかし、地価や株価の上昇がいつまでも続くというのは、根拠のない信仰である。土地神話や株価神話は崩壊していく。

そして、社会主義の国々が倒れ、それぞれの国が市場経済の形態を取り入れることで、世界には本格的なグローバル化の波が訪れる。グローバル化は、同時に情報化を意味した。世界が一つに結ばれることで、お互いの国を隔てていた情報の障壁が崩れ、世界のどこにいても瞬時に情報のやり取りができる体制が生み出されたからである。

今の時点から振り返ってみれば、昭和から平成への変わり目の時期において、世界が根本的な変化を遂げつつあったことは明らかである。昭和は、戦争と冷戦下での経済発展の時代だったが、平成は、グローバル化と情報化による新たな時代の幕開けであった。

平成7年には、オウム真理教による地下鉄サリン事件が起こる。そして、世界に終わりがもたらされるとされた1999年（平成11年）は、何ごともなく過ぎ去ったものの、2001年（平成13年）には、アメリカで同時多発テロが起こり、グローバル化と情報化のほかに、テロという時代風潮が加わった。前者と後者は決して無関係なことではなく、そうしたテロを敢行したのは、国家機関ではなく、宗教を背景とした国際的なテロリストであった。

平成に入って、世界は予想もしない方向に動きはじめた。そのなかで、宗教にも大きな動きが生まれ、社会に大きな影響を与えていく。平成という時代において、宗教は時代の変化とどのように関係していったのであろうか。これから見ていくことは、その点にほかならない。

平成元年（1989年）バブルの頂点とオウム真理教

裕次郎、手塚、松下、ひばりと続いた昭和の大物の死

昭和64年1月7日に昭和天皇が崩御すると、すぐに改元が行われ、新しい年号は「平成」と決まった。新しい年号を発表したのは、当時の官房長官、小渕恵三《おぶちけいぞう》であった。そのときの小渕のどこか誇らしげで戸惑ったような表情は印象的で、彼は「平成おじさん」として人気を集めることになる。

新年号を制定する作業は、すでに前年の9月に昭和天皇が重体に陥ったときからはじまっていた。平成ということばの出典は、『史記《しき》』五帝本紀《ごていほんぎ》にある「内平《うちたいら》かに外成《そとな》る」だった。そこには国の内側も外側も平和であることを願う気持ちが込められていたが、その願いは必ずしも叶《かな》わなかった。

昭和という時代が終焉を迎えたことを象徴するように、この年、昭和を代表する大物たちが

亡くなった。

2月には漫画家の手塚治虫が亡くなった。4月には松下電器産業（現パナソニック）の創業者である松下幸之助が亡くなった。この二人の功績については説明するまでもないが、二人とも宗教と無縁ではなかった。

手塚は、もともとは医学部の出身で、漫画のなかでも人間の生と死の問題を扱うことが多く、宗教に強い関心を示していた。それがもっともよくあらわれているのが、釈迦《しゃか》の生涯を描いた『ブッダ』という作品であり、それは優れた宗教漫画になっていた。

興味深いのは、『ブッダ』がもともとは、創価学会系の出版社、潮出版社の漫画雑誌『希望の友』（後に『少年ワールド』、さらに『コミックトム』と改題）に連載され、単行本もこの出版社から出ている点である。『ブッダ』の内容と創価学会の信仰とが直接関係するわけではないが、潮出版社の漫画雑誌には、『ブッダ』のほかにも、いくつか宗教漫画が連載され、このジャンルの確立に大きく貢献した。

一方、松下幸之助の場合には、松下政経塾やPHP研究所を設立するなど、商売だけではなく、政治や文化の面で社会に貢献しようとする意志をもっていた。

京都の南禅寺《なんぜんじ》近くにある別邸、「真々庵《しんしんあん》」の庭には、「根源《こんげん》の社《やしろ》」という独自の神社を祀ってい る。稲荷《いなり》などを勧請《かんじょう》する企業や事業者は珍しくないが、独自の神社を祀った経営者はそれほど多くはない。

しかし、この二人以上に、昭和という時代が終わりを告げたことを象徴したのが、6月に亡くなった美空ひばりである。ひばりは、終戦直後、わずか8歳のときに横浜で初舞台を踏み、11歳でレコード・デビューした。映画の主演をつとめたのが12歳で(『悲しき口笛』)、全国的に人気を博するようになる。そして、数々の大ヒットを飛ばし、「昭和の歌姫」として揺るぎない地位を築いていく。亡くなったときには、まだ52歳の若さだった。

ひばりの偉大さを印象づけたのが、7月22日に青山葬儀場で営まれた葬儀だった。この葬儀は、地方の七つの会場にも同時に衛星中継され、会葬者は4万2000人に達した。斎場も二つに分かれ、音楽葬の様相を呈した。葬儀に詰め掛けたひばりファンは、ビッグバンドの演奏にあわせて、涙ながらにひばりのヒット曲を合唱した。

その2年前、昭和62年8月11日には、同じ青山葬儀場で、もう一人の昭和の大スター、石原裕次郎の葬儀が行われている。そのときも、ビッグバンドが二つ参加し、会葬者は3万人以上にのぼった。

この二つの大規模な葬儀は、まさにバブルの時代を象徴するものだった。バブル崩壊後にも、若者のカリスマとなった歌手の尾崎豊(平成4年)、「寅さん」役で人気を博した俳優の渥美清(平成8年)、X JAPANのhide(平成10年)の葬儀には4万から5万人のファンが集まったものの、ひばりや裕次郎の場合とは異なり、国民的スターを失ったことへの喪失感がみなぎったものにはならなかった。時代を象徴するカリスマ的なスターの時代は過去のものとなっていた。

2月には昭和天皇を送る「大喪《たいそう》の礼」が執り行われ、美空ひばりの葬儀とあわせ、平成元年は、時代を画するような葬儀が行われた年でもあった。

昭和天皇や大物たちの死が、昭和という時代を清算し、それを過去のものにしていくものであったとしたら、一方で、平成元年には、宗教をめぐって新しい動きがはじまることになる。

オウム糾弾キャンペーンと坂本弁護士事件

善くも悪くも、平成の時代の宗教の動きをリードしたのが、麻原彰晃《あさはらしょうこう》を教祖とするオウム真理教であった。オウム真理教のことが、広く知られるようになるのは、まさにこの平成元年のことだった。平成という時代は、オウム真理教の登場とともにはじまったとも言える。

それは10月のことだった。週刊誌『サンデー毎日』が、オウム真理教に対する糾弾《きゅうだん》キャンペーンを開始した。その特集は、「オウム真理教の狂気」と題されていた。この教団が、親子の関係を断つ、麻原の血を飲ませる、未成年の信者に高額のお布施をさせるといったことが批判の対象になっていた。

この連載は10月15日号から11月26日号まで7回続くが、私はこの連載がはじまるまで、多くの人たちと同様に、オウム真理教のことをまったく知らなかった。連載を知ったのは、電車の中吊り広告を通してで、そこに「イエスの方舟とは違う」と明記されていたことを記憶している。

「イエスの方舟」については、平成13年の項目で改めて述べるが、「イエスの方舟」の集団をめぐる事件が起こったとき、『サンデー毎日』は、教団を擁護する側にまわった。そうした過去の経緯があったため、わざわざ「イエスの方舟」との違いが強調されていたわけである。

この糾弾キャンペーンを契機に、オウム真理教の存在が広く知られるようになり、週刊誌だけではなく、テレビのワイドショーなどでも取り上げられた。そして、『サンデー毎日』の連載が続いている最中の11月はじめに、「オウム真理教被害対策弁護団」を結成し、その中心になって活動していた坂本堤《つつみ》弁護士の一家が失踪していることが明らかになった。

当然、疑惑の目はオウム真理教に向けられた。しかも、坂本一家が住んでいたアパートの部屋からは、オウム真理教のバッジである「プルシャ」さえ発見された。

地下鉄サリン事件後には、この事件がオウム真理教による犯罪であったことが明らかになるが、この時点で、捜査にあたった神奈川県警が必ずしも熱心でなかったこともあり、真犯人を突き止めるまでにいたらなかった。坂本弁護士は、いわゆる「人権派」の弁護士で、神奈川県警とは関係がよくなかった。そのため、教団に対する疑惑追及は中途半端なままになってしまった。

オウム真理教では、その前年の8月に静岡県富士宮《ふじのみや》市に本部道場を建設し、そこには数多くの信者が集まってきて、修行に励んでいた。ところが、そのなかの一人が、突然、暴れ出すという出来事が起こる。教団の幹部たちは、この人間を押さえようとして水をかけたり、頭を水のなかにつけたりした。これによって、その信者は死亡した。

この事実を知った麻原は、幹部たちに命じて、信者の遺体を焼却、それを近くの湖に捨てさせ、事件の隠蔽《いんぺい》をはかった。さらに、この事件を知る別の信者が脱会しようとしたときには、引き留めようとして殺害してしまった。

坂本事件が起こる前に、オウム真理教では、このようにすでに二人の人間が亡くなっていたが、その事実はまったく公にならなかった。そして、まさにこの二つの事件に関与した幹部たちが中心となって、坂本弁護士一家を殺害することになったのである。

その事実は、麻原と直接事件に関与した幹部たちだけが知っていることで、ほかの信者にはまったく伝えられなかった。それでも、『サンデー毎日』による糾弾キャンペーンがはじまると、一般の信者のあいだには激しい動揺が起こった。麻原は説法の場で、彼らを叱咤し、組織の引き締めをはからなければならなかった。この事実も、地下鉄サリン事件以降に明らかになったことで、当時の教団の内情は、ほとんど外部には明らかになっていなかった。

ソ連崩壊とオウム真理教

私にとって印象的だったのは、坂本弁護士一家の失踪が明らかになった直後、『週刊ＳＰＡ！』誌上で行われた麻原と宗教学者の中沢新一との対談だった。中沢は、私にとって宗教学研究室の先輩で、彼が大学院に在学していたときには親しくしていた。この対談を企画したのは、当時『週刊ＳＰＡ！』の編集長をしていた渡邊直樹で、彼も私とは宗教学研究室の同期だった。

この対談のはじまりの部分で、中沢は、麻原に対して、オウム真理教が坂本事件に関与していないことを確認した上で、話を進めている。もちろん、そこで麻原は事実を語っていなかったわけだが、その後の二人の対談では、意気投合ぶりが目立った。二人の掛け合いは、まるで漫才のようでもあった。

私は、この対談を読んだとき、危ないものを感じた。その頃には、中沢とはほとんど縁がなくなり、会う機会もなくなっていたが、疑惑を向けられている教団に対してこれほど踏み込んでいって、果たして大丈夫なのだろうかと考えたのである。その時点では、まさか自分がオウム真理教とかかわりをもち、それをめぐってバッシングを受けることになるなどとは予想もしていなかった。

オウム真理教の幹部たちが、坂本弁護士一家を殺害した一週間後の11月11日、「ベルリンの壁崩壊」という世界史的な大事件が起こる。

平成元年に入ると、東欧において民主化の動きが相次ぎ、社会主義の政権が次々と倒されていった。その波は東ドイツにも及び、11月9日には、それまで規制されていた東ベルリン市民の旅行の自由が認められ、ベルリンの壁で行われていた検問が廃止されたことから、実質的に壁の存在は無意味となり、11日には壁は物理的にも破壊された。

これは、ひいてはソ連の解体にも結びつき、戦後の国際情勢を規定した東西の冷戦は終焉を迎えた。その事態は、オウム真理教にも影響を与える。というのも、オウム真理教は、平成4年から、ソ連崩壊後のロシアに進出し、日本国内以上に多くの信者を獲得するとともに、ロシア政府の中枢ともコネクションをもつようになるからである。

仮に、ソ連の解体ということがなかったとしたら、オウム真理教がロシアに進出する余地はなかったであろう。その場合、果たしてオウム真理教は武装化への道を歩み出し、サリンを使っての無差別大量殺人を敢行したであろうか。オウム真理教の内部でサリンの製造が開始されるのは、ロシアに進出して以降のことである。

12月10日、オウム真理教が影響を受けたチベット仏教の最高指導者で、亡命政府の長でもあるダライ・ラマ14世がノーベル平和賞を受賞した。亡命中の身でありながら、チベット仏教や文化の普及につとめただけではなく、世界平和にも貢献したことが評価されての受賞だった。

ダライ・ラマ14世は、たびたび来日しており、日本の宗教界とも交流を重ねている。宗教的な指導者として彼を慕う日本人も少なくない。麻原も、昭和62年と63年の二度、ダライ・ラマ14世と会見し、その場面をビデオなどに撮影し、教団の宣伝に利用した。

さらに、オウム真理教はこの年に宗教法人の認証を受けることになるが、その際、ダライ・ラマ14世から麻原は「チベットの文化と宗教を復活させるために、努力してきた」という推薦状をもらい、ダライ・ラマ14世に1億数千万円の布施をしている。

そして、平成元年12月29日の大納会で、日経平均株価は史上最高値をつける。それは、バブル経済が頂点を迎えたことを意味するが、同時に崩壊への道がはじまる予兆でもあった。

オウム真理教が急速に教団の規模を拡大できたのも、バブルによる金余りが生まれ、多額の布施を集めることができたからである。そうした経済環境が変化すれば、教団は金集めに苦労することになる。そうした状況が明確になるまでには、まだ数年のタイムラグがある。教団が急進化し、犯罪が公になるのは、強引な金集めを行い、拉致などを実行してからである。

オウム真理教ほど、平成という時代の影響をもろに被った宗教はない。その点で、オウム真理教は時代の申し子として、平成がはじまる年に日本社会に登場したのである。

平成2年（1990年）オウムの選挙と変わる創価学会

衆議院議員選挙に出た麻原彰晃

平成2年の1月24日には衆議院が解散し、2月18日には第39回衆議院議員選挙が実施された。この選挙では、自由民主党が275議席を獲得し、絶対安定多数を確保することになる。

この前年に世間の注目を集めたオウム真理教は、「真理党」という政党を組織して、この選挙に臨んだ。党首は教祖の麻原彰晃で、彼を含め25名の教団幹部が立候補した。

結果は大惨敗だった。東京4区に立候補した麻原でさえ、1783票にとどまった。他の候補になると、100票にも満たないことがあり、東京2区の満生均史などはわずか58票しか獲得できなかった。

ただし、真理党の選挙活動は大いに話題になった。というのも、選挙活動に参加したオウム真理教の信者たちは、麻原の等身大のマスコットに扮して、街頭で投票依頼を行い、白いコスチュームを身にまとった若い女性信者たちは、選挙カーの上で派手な踊りや、「ショウコー、ショウコー」と連呼する歌を披露したからである。しかも、教祖の風貌とは異なり、女の子たちはアイドルのようにかわいかった。

私もある私鉄の駅を降りたところで、麻原の扮装をした信者が帰宅途中の通勤客に頭を下げている光景に遭遇し、面食らった経験がある。

真理党の候補者たちは、泡沫《ほうまつ》候補にすぎなかったわけだが、麻原などは、本気で当選できると考えていたらしい。そのため、選挙結果が出た後には、票の操作が行われていると訴え、余計に顰蹙《ひんしゅく》を買う結果となった。

オウム真理教が選挙に立候補した理由は定かではない。あるいは、政治権力を掌握することで、坂本弁護士一家失踪事件などで嫌疑が向けられても、それをはねつけることができると考えたのだろうか。その野望はあっけなくついえた。供託金は全額没収され、教団の財政は悪化する。しかも、オウム真理教はこの年、逮捕者を出すことになるのである。

オウム真理教は、5月に熊本県阿蘇郡波野村《あそぐんなみのそん》(現在この村は阿蘇市に合併され消滅している)に進出する。そこに「シャンバラ精舎《しょうじゃ》」という道場を建設するためだった。麻原は、熊本県八代市の出身で、いわば教団は教祖のおひざ元に進出したことになる。

ところが、波野村の村民は、オウム真理教の進出に反対した。阿蘇山の麓《ふもと》にある波野村も過疎化の波をかぶり、オウム真理教が進出を試みた時期には人口は2000人を切っていた。過疎の村にオウム真理教の信者が大量に入ってくれば、村が乗っ取られる危険性があった。村は、オウム真理教信者の住民票を受理せず、村民と信者とは激しく対立した。その様子は、テレビのワイドショーで取り上げられた。

教団の進出を憂慮した熊本県や熊本県警は、教団が道場を建設する土地を取得する上で法律に違反していないかを捜査した。10月、警察は、捜査員400名を使って、波野村の道場だけではなく、教団総本部など全国14カ所の施設を家宅捜索した。これによって、教団幹部で教団の顧問弁護士をつとめていた青山吉伸《よしのぶ》が国土利用計画法違反などで逮捕、起訴された。

教団に対する家宅捜索は11月にも行われるが、容疑事実に比べて、捜査の規模はかなり大きなものだった。あるいは警察は、坂本事件に関連する証拠を探そうとしたのかもしれないが、そうした証拠は発見されなかった。

オウムと私と創価学会

青山弁護士の初公判は、その年の暮れ、12月27日に熊本地方裁判所で開かれている。実は私は、この公判を傍聴している。オウム真理教が波野村に進出した後、地元の『熊本日日新聞』は、長期にわたってこの問題についての記事を連載していた。私は、この年の7月に、オウム真理教について書いた文章を『別冊宝島　いまどきの神サマ』に寄稿した。この文章を見た記者が東京の私のもとへも取材に来て、それで私は、現地を訪れることになったのである。

私は、そのとき青山の初公判があることを知らなかった。ただし、この公判を傍聴するために、日ごろは熊本にいない麻原も来ており、私は裁判がはじまる前に、熊本市内のホテルで、記者同席のもと、麻原と面談した。これが、私にとって麻原との最初の出会いとなった。

この年、創価学会をめぐって大きな出来事が起こっていた。

創価学会は、戦前の昭和５年（１９３０年）に創価教育学会として創立されるが、創立者の牧口常三郎《まきぐちつねさぶろう》は、その直前に、日蓮宗の一派である日蓮正宗《にちれんしょうしゅう》と出会い、その信徒になっていた。

日蓮には、生前に６人の愛弟子がいて、彼らは日蓮宗内で「六老僧《ろくろうそう》」と呼ばれている。そのなかの一人に日興《にっこう》という弟子がいたが、この日興にはじまる流れを「富士門流《ふじもんりゅう》」と言い、日蓮正宗もその流れのなかに位置していた。

日蓮正宗は、日蓮の正しい教えは、日蓮正宗の法主《ほっす》にのみ受け継がれているという独自の立場をとり、その点で、一般の日蓮宗とは相いれなかった。そして、日蓮正宗以外の信仰をすべて否定する立場をとっていた。

創価学会は、「折伏《しゃくぶく》」と呼ばれる強引な布教の方法をとり、そのために社会と対立することが多かったが、そうした傾向も、こうした日蓮正宗の影響によるところが大きかった。創価学会の会員になった人間は、自動的に日蓮正宗の檀家《だんか》となり、葬式からはじまって、法事法要、結婚式、さらには仏式の地鎮祭《じちんさい》まで、そのすべてを日蓮正宗の寺に依頼した。他の信仰を認めない以上、自分たちの宗教世界のなかで、すべてをこなしていかなければならなかったのである。

日蓮正宗は僧侶による出家の集団であり、創価学会は一般の信徒による在家の集団だった。数ある新宗教のなかで、このように特定の出家集団ときわめて密接な関係をもってきた教団は少ない。

牧口の後を継いで戦後第二代会長となり、創価学会の復興に力を尽くした戸田城聖《とだじょうせい》は、日蓮正宗の総本山である静岡県富士宮市の大石寺《たいせきじ》に祀られた本尊を「幸福製造器」と呼び、これに参拝すれば幸福がもたらされると、会員たちに説いた。

そのため、創価学会の会員たちは、こぞって大石寺に参拝した。大石寺に参拝することは「登山《とざん》」と呼ばれ、創価学会では、月例の登山会を行っていた。登山者の数は、年間で180万人にも達した。

ちなみにオウム真理教が、昭和63年に総本部道場を建設したのも、富士宮市であった。富士宮市にもまたがっている富士山は、さまざまな形で信仰を集めており、そこに総本山なり、総本部道場なりが建設されるのも不思議なことではなかった。

創価学会の会員は、大石寺に登山し、本尊を拝むたびに、２０００円の開扉料を支払った。それは信仰にもとづく寄進にあたるわけだが、開扉料だけで大石寺はおよそ年間36億円の収入を得ていたことになる。

しかも、創価学会では、「供養」と称して会員から献金を募っていた。その金は、大石寺に建物を建てたり、数が不足している日蓮正宗の寺院を建立するために用いられた。その額自体が膨大だが、それぞれの日蓮正宗の寺院は、１万から２万人の創価学会員を檀家として抱えており、さまざまな儀礼を行うことで入ってくる収入も莫大な額に達した。

創価学会の側からしてみれば、日蓮正宗は「金食い虫」にほかならなかった。おそらく、創価学会としては、会員から集めた金の多くが日蓮正宗に流れていくことに不満を感じていたことだろう。

激減した大石寺への参拝者

昭和52年１月、当時の第三代会長だった池田大作は、教学部の大会で講演を行い、そのなかで、創価学会の会館が寺院と同じ働きをしており、在家でも供養を受ける資格があることを明言した。これは、創価学会の日蓮正宗からの自立宣言に近いものだった。

この池田の発言に対して、日蓮正宗の側は猛反発し、法主であった細井日達《にったつ》は、池田の発言は教義から逸脱していると指摘した。このときは、創価学会の側が誤りを認め、池田は、大石寺に「お詫び登山」を行い、謝罪している。翌昭和53年4月には、その責任をとって会長職を辞し、名誉会長の地位に退いている。

創価学会とそれがもともとは組織した公明党とは、昭和44年から45年にかけて、「言論出版妨害事件」を起こした。これは、創価学会と公明党を批判した書物の出版をさまざまな形で妨害しようとしたものだが、このとき、その事実が発覚し、創価学会と公明党は世間からの厳しい批判を浴びた。そのときも池田は、世間に向かって謝罪しなければならなかった。その意味で池田は、昭和53年の時点で、二度目の屈辱を味わったことになる。

こうして、いったんは騒動はおさまったものの、創価学会と日蓮正宗との関係に根本的な変化はなく、創価学会の側には不満がくすぶっていた。それを背景に、平成2年の7月17日、創価学会の側は、日蓮正宗との連絡会議の席上で、法主や宗門《しゅうもん》を批判し、席を立ってしまった。

これによって両者のあいだの騒動が再燃する。11月16日に池田が創価学会の本部幹部会で行ったスピーチが、法主や僧侶を軽視するものだとして、翌月、日蓮正宗は学会に対して釈明を求めた。

今回は、前回とは異なり、創価学会は強固な姿勢を崩さず、釈明要求をつっぱねた。そのため、日蓮正宗は、池田がつとめてきた総講頭《そうこうとう》の役職を喪失させ、信徒の総代としての地位を奪った。

この騒動は、年が明けると拡大し、創価学会と日蓮正宗とは全面的な対立状態に陥る。創価学会は、機関紙である『聖教新聞』などで、日蓮正宗批判のキャンペーンを展開した。一方、日蓮正宗は、平成３年11月、創価学会とその国際組織、創価学会インタナショナル（ＳＧＩ）を破門にした。

これは、60年にわたって連れ添ってきた夫婦が老年になって離婚するようなもので、創価学会にとっても、日蓮正宗にとっても、極めて重要な出来事だった。

日蓮正宗は、創価学会という最大の在家の講《こう》を失い、経済的な支援を受けられなくなった。大石寺には、創価学会以外にも講が存在するが、そうしたものは小規模の集団にすぎなかった。

これ以降、大石寺を訪れる信徒の数は激減する。とばっちりを受けたのは、昭和63年に開業したばかりの東海道新幹線の新富士《しんふじ》駅だった。この駅は、大石寺に登山する創価学会員を見込んで、地元が費用を負担して建設したものだが、創価学会の会員がこの駅を利用することはなくなった。

一方、創価学会は、日蓮正宗との関係が切れることで、従来、日蓮正宗の寺や僧侶に依頼していた法事や法要を営むことができなくなった。

問題は葬儀だった。それまで、創価学会員は、葬儀のときには日蓮正宗の僧侶を呼んで、読《ど》経《きょう》してもらい、戒名を授かっていた。しかし対立関係に陥った以上、日蓮正宗の僧侶を呼ぶわけにはいかなくなった。

とくに戒名をどうするかは、日蓮正宗と決別した創価学会にとって難題だった。たまたま、創価学会と日蓮正宗との対立が再燃したとき、私は戒名についての本を執筆していた。それは翌平成3年、『戒名』（法蔵館）として刊行されることになる。この本では、戒名という制度が、本来仏教には存在しないもので、江戸時代に寺請制度のもと庶民に定着したものであることを強調していた。

それは、僧侶を呼ばず、戒名を授からない、会員だけで営む「友人葬」に踏み切った創価学会にとって、結果的に、自分たちの試みが正しいと言い張るのに役立つ本になった。池田名誉会長が、スピーチのなかで『戒名』に言及したことさえあった。

『戒名』を執筆していた私は、創価学会でそうしたことが起こっているのをまったく知らなかった。知ったのは、本の刊行後のことである。

創価学会は、高度経済成長の時代に大きく発展した従来型の新宗教であり、オウム真理教は、終末論やオカルト、超能力を強調する点で、オイル・ショック以降に台頭した新新宗教と通じるものをもっていた。平成に入って、新宗教にも、そして新新宗教にも新たな局面が訪れようとしていたのである。

平成3年（1991年）幸福の科学の台頭と散骨の容認

テレビ対決、オウムVS幸福の科学

幸福の科学の登場はセンセーショナルだった。教団が、宗教法人の認証を受けたのは、この年の3月のことだった。にもかかわらず、7月の時点では、信者数は152万人を超えたと発表された。

7月15日には、東京ドームを使って、教祖である大川隆法《おおかわりゅうほう》の誕生日を記念する「御生誕祭」というイベントが開かれた。それに向けて、教団では巨費を投じ、大川の本を宣伝するための派手なテレビ・コマーシャルを打ち続けた。

東京ドームのイベントでは、レーザー光線や照明を多用した演出が施されたが、そのシナリオを書いたのが、信者で直木賞作家の景山民夫《かげやまたみお》であった。司会をつとめたのは、やはり信者で女優の小川知子であった。

幸福の科学が本部を構えたのは、平成元年に完成したばかりの26階建ての紀井尾町《きおいちょう》ビルだった。教祖の大川は、35歳の若さで、東京大学の法学部卒であり、総合商社に勤務した経験をもつエリートだった。東大卒の教祖は珍しい。

ほかにも、幸福の科学の幹部には、大阪大学医学部の助教授を退職した人間もおり、信者にも、大企業の社員、経済新聞の記者、通産省の官僚など、社会の第一線で活躍している人間が含まれていた。

従来の新宗教の場合、そうした教団に入信してくる人々は「貧・病・争」からの解放を願っているのであって、庶民がほとんどだった。その点で、幸福の科学は、それまでの新宗教に対するイメージを根本から覆《くつがえ》すことになった。

ただ、社会への登場の仕方がセンセーショナルなものであった分、マスメディアからの批判も受けるようになった。景山や小川が先頭に立っての講談社に対する抗議行動や、名誉毀損で巨額の損害賠償請求を提訴した点では、社会に対する攻撃的、排他的な姿勢が示され、その点では、従来の新宗教と同様に警戒される要因となった。

その幸福の科学が、2年前から何かと注目を集めるようになっていたオウム真理教とテレビで対決したのが、9月末のことだった。番組はテレビ朝日の深夜の人気番組『朝まで生テレビ！』だった。この回のテーマは、「若者と宗教」というものだったが、実際の内容は、幸福の科学とオウム真理教という二つの宗教の対決だった。

異なる宗教や宗派が教義をめぐって対決することは、「宗論《しゅうろん》」とか、「法論《ほうろん》」と呼ばれる。日本の宗教の歴史のなかでも、宗論は幾度かくり返されてきたが、テレビというメディアのなかで、二つの教団が対決するということはそれまでにないことだった。

私も、この番組に出演したが、当日のテレビ局の騒然とした雰囲気を、今でもよく覚えている。番組を取材するために、他のメディアの取材陣も訪れていて、スタジオには緊張感がみなぎっていた。しかも、この番組の当時の放送時間は、現在よりも2時間程度長く、5時間に及んだ。

この番組にかんしては、放送があった翌週に発売された週刊誌で、コラムニストたちがいっせいに感想を書いていた。オウム真理教に対する印象が好意的なものに変わったという内容のものがほとんどだった。

スタジオでの雰囲気もまさにそうだった。幸福の科学にとってマイナスだったのは、オウム真理教の場合には教祖の麻原彰晃が出演していたのに対して、大川が出演しなかったことで、議論はしだいに麻原ペースで進んでいった。

私がこの番組に出演を依頼されたのは、前年に熊本のオウム真理教の道場を訪れた経験があり、しかも、雑誌で幸福の科学を批判し、テレビの番組でも、幸福の科学の幹部や景山などと激論を戦わせていたからだった。

私が幸福の科学に対して批判的だったのは、大川の言動に過剰なナショナリズムの傾向があると感じるとともに、歴史上の宗教家たちが霊となって大川に降り、そこで発したことばをまとめた「霊言集」の内容が、それぞれの宗教家が生前に述べていたことと、あまりにかけ離れた内容だったからである。

今振り返ってみると、当時の私はまだ30代で若かった。果たしてテレビで激論を交わすほどに踏み込んで特定の教団を批判すべきだったのかどうか、そこに問題があったような気もするが、私の幸福の科学批判がたまたま講談社の雑誌に掲載されたことで、訴訟の対象に含まれることにもなった。

学歴をめぐる2教団の共通点

オウム真理教は、その後、武装化を進め、最終的に無差別大量殺人に至るのだが、この時点での二つの教団のあり方を比較してみるならば、いくつかの点で共通していた。そこには、昭和の時代の宗教には見られなかった、平成の時代の宗教の特徴が示されている。

幸福の科学がいかに新しいスタイルをとっていたかについては、すでにふれた。オウム真理教の場合には、教祖の麻原が修行者の格好をしていて、いつもスーツに身を包んだ大川とは大きく異なっていた。ヨーガやチベット密教の修行を実践するという点では、日本では珍しい宗教だったが、その信仰の内容は伝統に根差すものだったとも言える。

しかし、オウム真理教の信者たちは、電極がついたヘッドギアを被り、それを通して麻原の脳波と同調させようとしたところで、テクノロジーの導入にも積極的だった。ほかにも、水中や地中で呼吸を止めている時間の長さを測定しようとするなど、修行の成果を数値として示そうと試みていた。

麻原は盲学校の卒業で、学歴は高くなかったものの、幹部や信者には、一流大学の卒業生や大学院の修了者が数多くいて、しかも理科系の人間が少なくなかった。その点で、幸福の科学と共通していた。

そして、政治性をもっている点でも両者は共通していた。オウム真理教は衆議院議員選挙に出馬したし、「シャンバラ」と呼ばれるユートピアの建設を標榜《ひょうぼう》していた。幸福の科学の大川の方は、東大法学部の出身ということもあって、政治的な関心は高く、著書のなかで政治について発言を行うとともに、自衛隊・防衛庁（当時）OBで組織された懇談会で講演を行ったりしていた。

二つの教団の共通点のなかでも、とくに注目に値するのが、高学歴の若者が多かった点である。従来の宗教の信者は、むしろ日本人全体の平均に比べて低学歴の人間が多かった。

「自分探し」の萌芽と自己啓発セミナー

今は一般化している「自分探し」ということばが、雑誌や新聞にはじめて登場するのは、事実上の昭和最後の年、昭和63年のことだった。そして、このことばが広く使われるようになるのが、まさにこの平成3年のことだった。つまり、バブル経済の崩壊がしだいに明らかになってくるなかで、自分探しの若者が増えていったのである。

幸福の科学やオウム真理教に引きつけられた高学歴の若者たちは、まさに、この自分探しの先駆けであった。とくに、オウム真理教の信者たちは、バブルに踊り、金だけがすべての現実の社会に生きることに「虚しさ」を感じていた。彼らは、自分たちの入信の動機を語る際に、虚しさからの解放や死の恐怖からの解放をあげていた。この点でも、従来の宗教が、もっぱら現世利益の実現を掲げていたのと対照的である。

バブル経済の時代からバブル崩壊直後に流行した宗教に近い現象として、自己啓（開）発セミナーというものがあった。これは、戦争や家族の不和など、こころに傷を負った人間を癒すために使われた集団的な心理療法がもとになっていた。カール・ロジャースの唱えた「エンカウンター・グループ」なども、その源流の一つだった。

エンカウンター・グループの場合には、参加者のなかに「ファシリテイター」と呼ばれるグループの経験者が混じっていて、そうした人間が集団での話し合いを意味のある方向にもっていこうとする。ただし、エンカウンター・グループでは、意図的な仕掛けはなされておらず、あくまで参加者の自発的な発言がもとになっていた。

ところが、自己啓発セミナーの場合には、さまざまな仕掛けがなされ、参加者は「トレーナー」と呼ばれる指導者の方向付けにしたがって、ある一定の方向に動かされていった。参加者は、用意された仕掛けにしたがって、さまざまな課題をこなしていくことで、壁を突破したという喜びを味わうことができたが、最後は、セミナーでの感動を他者に伝え、勧誘するという方向に導かれていった。

その点で、自己啓発セミナーは、心理療法から商売の方向に向かい、日本でもいくつものセミナーが生まれ、分裂をくり返していった。参加者のなかには、セミナーの勧誘にはまってしまい、仕事を放棄してまで、知人、友人をセミナーに誘うことに血道《ちみち》をあげるようになった者もいた。そうなると、人間関係が壊れてしまう場合があり、弊害が生まれた。

それでも、この時期、こうした自己啓発セミナーや、心理療法を背景とした各種の療法やセミナーが流行したのは、バブル的な風潮のなかで、世の中の派手な動きについていけないものの、なんとかそれに乗り遅れまいとする若者が数多く存在したからである。その意味で、自己啓発セミナーの流行は、時代のあだ花的な側面があり、バブルの本格的な崩壊とともにブームは終焉を迎えることになる。

バブル経済の崩壊は、高度経済成長の終焉を告げるとともに、経済成長が必ずしも国民全体の豊かさの向上に結びつかない時代の到来を示すものであった。それによって、社会の閉塞感は強まっていった。

それは、日本だけに見られることではなかった。冷戦構造の崩壊は、一時、世界にこれまでにない平和が訪れることを約束するものであるかのように見えた。ところが、東西の世界を隔てていた障壁が消滅し、世界が一つに結ばれると、グローバル化や情報化が一挙に加速され、かえって持つ者と持たざる者との格差は拡大していった。

『悪魔の詩』翻訳者殺害事件

やがてその格差の拡大は、宗教を背景としたテロリズムにも結びついていくことになるのだが、実は日本で、その予兆となるような出来事が起こっていた。

それは、東京ドームでの幸福の科学のイベントが開かれる直前の7月11日のことだった。茨城県つくば市の筑波大学の校内で、同大学の助教授だった五十嵐一《いがらしひとし》が、何者かによって刺殺されたのである。

五十嵐助教授の遺体が発見されたのは翌日の朝のことで、喉をくり返し切られるとともに、顔や手などには刃物による刺し傷があった。すでに大学は夏休みに入っていて、目撃者もなかった。犯人はいまだに逮捕されておらず、平成18年にはすでに時効が成立している。

五十嵐助教授は、インド出身でイスラム教徒の作家、サルマン・ラシュディが執筆した小説『悪魔の詩《うた》』の翻訳者だった。１９８９年（平成元年）に刊行されたこの小説は、イスラム教を冒瀆《ぼうとく》するものであるとして、イスラム教徒から猛反発を受けた。著者に対しては、イランの最高指導者アーヤトッラー・ホメイニーから死刑が宣告されていた。イランの財団からは、死刑の実施に対して数億円の懸賞金がかけられた。

私は、イギリスのロンドンに出向いた知人に原著を買ってきてもらったが、本屋の店頭には並べられておらず、店員に申し出てはじめて購入できたという。

イギリスでは、死刑宣告はそれだけ深刻なものと受け取られていたわけで、著者のラシュディに対しては、イギリス警察による24時間の警備がついた。実は、五十嵐助教授に対しても、日本の地元警察は警備を申し出たが、彼はそれを拒否し、格別警戒をしていなかった。

もちろん、犯人が特定されていないので、イスラム教過激派による犯行だとは断定できない。だが、イタリアやノルウェーでも、翻訳者が襲われ重傷を負うという事件が起こっている。トルコでも、翻訳者の集会が襲撃され、その際には37人が死亡している。さまざまな点からして、五十嵐助教授が、『悪魔の詩』を翻訳したことで殺害された可能性は極めて高い。

散骨の合法化と葬送習俗の変化

もう一つ、出来事自体はそれほど目立つものではないが、宗教をめぐる日本社会の状況が大きく変わりつつあることを象徴する出来事が、この年に起こっている。

それは10月のはじめのことだった。朝日新聞社の元編集委員、安田睦彦《むつひこ》が会長をつとめる「葬送の自由をすすめる会」が、相模湾の洋上ではじめて散骨を実施し、それを「自然葬」と呼んだのだった。

葬送の自由をすすめる会では、その10日後に、散骨を実施したことを発表した。反響は大きかった。テレビや新聞で報道され、さらには、法務省や厚生省（当時）が散骨を認める見解を発表した。

役所が、散骨を認めた点は重要だった。というのも、それまで、散骨は法的に認められないと考えられていたからである。石原裕次郎が亡くなったとき、兄の慎太郎（当時は衆議院議員）は、海が好きだった弟の遺灰を太平洋に戻してやりたいと密葬で挨拶した。ただし、周囲に無理だと言われ、それを諦めたということがあった。

法務省は、散骨が葬送のための祭祀として節度をもって行われるかぎり問題はないとした。厚生省も、散骨は法の対象外で禁じられているわけではないという見解だった。

それ以降現在までに、葬送の自由をすすめる会による自然葬は１０００回以上実施され、対象者はおよそ２０００人に達している。葬送の自由をすすめる会に所属していなくても、散骨はできるわけで、これまでに相当数の散骨が行われているものと推測される。

平成2年の項目で、創価学会の友人葬についてふれたが、それは、僧侶を呼ばず、戒名を授からないという点で、従来の伝統的な葬儀の方法からの脱却をめざすものであった。さらに、自然葬の場合には、火葬した骨は撒いてしまうことになるので、墓は必要ない。日本人は、家の墓を守り続け、墓参りの慣習を重視してきたわけで、散骨の広がりは、伝統的な習俗が大きく変容しつつあることを象徴していた。

日本の一般的な墓は、個人墓ではなく、家の墓である。そこには、それぞれの家の先祖が葬られ、先祖には戒名が与えられている。葬儀は主に仏式で営まれ、先祖祭祀がその中心にあった。

しかし、戦後に起こった都市化は、核家族を数多く生んだ。生まれたばかりの核家族には、死者はまだおらず、したがって先祖がいない。先祖がいなければ、墓も仏壇も必要ではない。

では、その核家族に死者が出たとき、どうするのか。多くの家庭では、新たに墓を作って、そこに遺骨をおさめることになった。だが、都市での暮らしが長く、伝統的な祖先祭祀を経験していない人間のなかには、従来の葬送の方法に対して疑問を抱く者もいた。墓など作りたくない、墓に葬られたくないと考える人間も生まれていた。そこから、散骨を希望する声があがるようになる。その点で、散骨の実施と役所による公認は、時代の流れに沿う必然的なものであった。

こうした葬送習俗の変化は、新宗教にも影響を及ぼす可能性があった。というのも、創価学会の場合には相当に希薄なのだが、一般の新宗教では、祖先祭祀が、信仰の核になっていることが多いからである。霊友会や立正佼成会では、「総戒名《そうかいみょう》」という夫と妻の両方の戒名をあわせて祀る、独自の葬送習俗を開拓していて、先祖供養は信仰活動の中核に位置してきた。

伝統的な葬送習俗に変化が起こるということは、新宗教の先祖供養も変容を迫られているということを意味する。創価学会は、もともと先祖供養に対する関心が薄かったため、いち早く伝統的な習俗から脱することに成功したが、他の教団の場合には、それがなかなか難しい。そこに、創価学会との新たな差が生まれる可能性があったのである。

平成4年（1992年）オウムのロシア進出と合同結婚式

ロシアからのサリン

オウム真理教の教祖、麻原彰晃は、この前年、平成3年の大晦日、ビートたけしが司会をするテレビ朝日の人気番組『ビートたけしのTVタックル』に特別出演した。地下鉄サリン事件が起きてからは、考えられないことだが、この時期、オウム真理教と麻原彰晃は、テレビに出演すれば視聴率を稼ぎ出せる人気者として扱われていた。

しかし、平成4年に入ると、オウム真理教のことはマスメディアであまり話題にならなくなっていく。麻原がテレビに出ることもなくなり、雑誌で著名人や知識人と対談することもなくなった。

それは、マスメディアの関心が持続せず、次々と新しい話題を求めていくからでもあるが、オウム真理教が日本から、ソ連が解体した後のロシアに進出したことも大きな原因だった。

実は、麻原とオウム真理教の幹部たちがはじめてロシアに向かおうとしていたとき、幹部の上祐史浩《じょうゆうふみひろ》から電話があり、一緒にロシアに行かないかと誘われた。私は、そこまでこの教団に深入りする必要はないと考えたので、その申し出を断ったが、誘われたのは私だけではなかった。経済人類学者の栗本慎一郎も、このときオウム真理教からロシア訪問への同行を誘われているが、やはり断っている。

冷戦構造が崩れ、ソ連が解体した後のロシアでは、宗教がブームになっていた。共産主義政権下で抑圧されていたロシア正教に対する関心が復活し、信者は公然と宗教活動を展開するようになった。あるいは、オカルトや神秘主義への関心も高まり、霊能力をもつと宣伝する超能力者が人気を博したりしていた。ロシアには、神秘主義の伝統があった。

体制が大きく変わるなかで、宗教や宗教的なものが、80年にわたって続いた共産主義の体制が崩れることで生まれた精神的な空白を埋める役割を果たしたのである。

オウム真理教は、まさにそうしたロシアの状況を踏まえ、その上で進出したのかもしれない。一方では、ロシア政府の高官とコンタクトをとり、会談を行ったりしたが、ロシアでは信者も増え、その数は最終的に3万人に達した。オウム真理教の日本での信者数が1万人程度だから、ロシアではその3倍もの信者を獲得したことになる。

後に、麻原が逮捕されてから、ロシア人信者が教祖を奪還するために来日したこともあった。

ロシア人信者のなかには、日本人信者以上に麻原を崇拝する人間たちがいた。奪還を試みようとしたそのロシア人信者は逮捕され、ロシアで裁判にかけられている。

オウム真理教のロシア進出が、この教団にいったいどういったことをもたらしたのかについては、今のところ十分には明らかにされていない。少なくとも、銃撃ツアーなどを実施することができたり、ラジオ局の枠を買って、日本向けの番組を放送できたことは事実である。

しかし、それ以上に、教団がその後に歩む武装化との関連が問題になる。民間の宗教教団であるオウム真理教が、なぜ猛毒の化学兵器、サリンの製造をめざしたのか、その理由は実は完全には明らかになっていない。松本でサリンを撒いたのは実験的な意味合いが濃いが、地下鉄でサリンを撒いたのは、教団に疑惑が向けられるなか、処分していたはずのサリンの原材料がそのまま残っていて、容易に生成することができたからである。彼らは、それを警察の強制捜査を遅らせるために使用した。しかし、もともと地下鉄での使用が想定されていたわけではなかった。

一説では、サリンの大量生成をめざして建設された上九一色《かみくいっしき》村の第7サティアンに作られたプラントは、旧ソ連のカザフスタンの化学兵器工場の図面をもとにしているとも言われる。そもそもサリンについての知識も、教団がロシアに進出することで得てきた可能性が考えられる。そのオウム真理教がロシアに進出しなかったとしたら、その後の運命は大きく変わっていたことだろう。だが、ロシア進出以降の教団の実態は、日本にはほとんど伝えられず、その陰で教団は着々と武装化を推し進めていったのだった。

フリーセックス教団「愛の家族」糾弾キャンペーン

この年の日本では、新たな宗教をめぐって新たな騒動がもち上がった。

一つは、アメリカに生まれたキリスト教系の新宗教、「愛の家族」だった。この教団については、『週刊文春』が糾弾キャンペーンを行い、教団のなかでは、フリーセックスが実践され、子どもが性的な虐待にあっているという報道がなされた。

このときまで、愛の家族のことは、日本ではまったくといっていいほど知られていなかった。しかし、私はその存在を知っていた。愛の家族は、以前には「神の子どもたち」と名乗っていた。昭和50年頃、宗教学の同期の学生が、たまたま神の子どもたちの存在を知り、簡単な調査を行っていたからである。その時代の神の子どもたちは、ごく小規模な集団にすぎなかった。

アメリカで神の子どもたちの集団が誕生したのは、１９６８年（昭和43年）に遡《さかのぼ》る。この時代のアメリカでは、現代文明のあり方に対して批判的なヒッピーの運動が盛り上がり、そのなかから、キリスト教系の新宗教も生まれた。

その一つが神の子どもたちだが、突然、学校や職場を捨てて、この教団に入ってしまう子どもがいたことから、親たちが教団を批判し、神の子どもたちは、危険な「カルト」であるとして批判を受けた。

それがめぐりめぐって、日本での週刊誌による批判に結びついたわけだが、批判の内容には、オウム真理教が最初に糾弾されたときと似たものがあった。子どもを教団に奪われたと考える親が、まず批判の声をあげたのである。

あるいは、もっと遡れば、昭和54年から55年にかけて、イエスの方舟が話題になったときとも共通する。イエスの方舟のことが注目を集めるようになるのは、『婦人公論』に、子どもを返せという親の手記が発表されたからである。

この騒ぎが起こっていた頃、愛の家族の信者たちは、私のところにも接触を試みてきた。私は、彼らと何度か会ったが、そこには子どもたちも同席していて、とても性的な虐待が行われているようには見えなかった。

けっきょく、この愛の家族については、さまざまな疑惑はもたれたものの、告発されたような事実があったかどうかも不明のまま、報道は終息に向かっていく。

桜田淳子らが参加した統一教会の合同結婚式

この年、この愛の家族以上に注目を集めたのが、世界基督教統一神霊協会、略して統一教会による合同結婚式だった。

統一教会は、韓国に生まれたキリスト教の一派で、文鮮明《ぶんせんめい》という人物が教祖だった。教典は、聖書の記述をもとに、教団独自の考え方を盛り込んだ『原理講論』である。『原理講論』の一番の特徴は、徹底して堕落というところに関心が向けられていることにあり、不純な性行為が人類全体の堕落を招いたと解釈されている。人間は、正しい信仰をもつことによって、その状況から脱していかなければならないというのである。

統一教会のもう一つの特徴は、共産主義に反対し、それに敵対する「反共主義」にあった。反共運動を実践するために、国際勝共連合という組織を作っていて、その学生組織が原理研究会だった。最初、統一教会が注目されたのは、昭和40年代はじめのことだが、その時代には、「親泣かせの原理運動」と呼ばれた。大学に入学した子どもがいつのまにか原理研究会に入ってしまい、親の期待とは異なる道を歩んでしまうからだった。

原理研究会のメンバーは、黒板をもって街頭に立ち、そこで『原理講論』の内容について、通行人に講義をしていた。そうした光景に接して、原理研究会の存在を知った人たちも少なくなかった。

反共という政治的な考え方と、キリスト教を基盤とした統一教会の教えとは密接な結びつきをもっていて、共産主義者は、堕落したサタンであるととらえられていた。したがって、勝共連合の活動は、政治運動であるとともに、宗教運動としての性格をもっていた。

私が、昭和40年代後半に大学生だった頃、大学のキャンパスでは、この原理研究会と、日本共産党の学生組織である民主青年同盟（民青）とが激しくやり合っていた。私は民青の学生が原理研究会の集会を襲い、暴力を振るっている光景をまのあたりにしたことがある。

しかし、反共運動が意味をもつのは、共産主義の脅威が存在する時代においてである。東西冷戦の終焉は、反共運動の存在意義を著しく低下させることになった。

そうした社会情勢の変化が影響し、統一教会は、反共に代わる新しい方向性を模索していた。そのなかから、現代社会の乱れた性関係を批判する「純潔」の考え方が強調されるようになる。そして、文鮮明が結婚した信者たちを祝福する合同結婚式に力が注がれるようになった。教団は、合同結婚式を「祝福」と呼んでいる。

その合同結婚式に、新体操の元オリンピック選手だった山﨑浩子や歌手で女優としても活躍していた桜田淳子などが参加を表明し、教祖によって定められた相手と結婚式を挙げたことから、大きな話題になり、それは騒動に発展していく。

とくに、桜田淳子の場合には、少女の時代には、山口百恵や森昌子とともに「花の中3トリオ」と呼ばれ、国民的なアイドルとして人気を博していた。それだけに、彼女が統一教会に入信していたこと自体が衝撃を与えた。

仮に統一教会が、たんに反共色の強い宗教にとどまっていたとしたら、合同結婚式への参加は、社会的な批判を浴びることはなかったであろう。ところが、統一教会は、巧妙なしかけを使って、人々を騙し、壺などを高額で購入させる霊感商法を行っているということで、この時期、強い批判を浴びていた。その批判は、桜田淳子たちにも向けられ、マスメディアでは、統一教会批判が大々的にくり広げられることになった。それは、翌年の山﨑の脱会と、マインド・コントロールの問題へと発展していく。

カルト宗教の定義

ここまで見てきたように、平成の時代に入ると、オウム真理教からはじまって、幸福の科学、愛の家族、そして統一教会と、さまざまな形で宗教のことが話題になり、その分、社会はそうした教団のことを警戒するようになった。こうした社会と対立関係に陥った小規模の宗教は、「カルト」と呼ばれるようになる。カルトをめぐってさまざまな出来事がくり返されることで、このことばが社会に定着していく。

ただし、難しいのは、カルトの定義だった。いったいカルトとは何なのか、どういった宗教がカルトに分類されるのか、その線引きをすることは難しかった。多くの宗教は、その発生の時点において、既存の社会や宗教のあり方を批判し、ときには暴力的な形で対立してくることが少なくない。

それは、キリスト教の発生などを考えてみればいい。その開祖、イエス・キリストは、当時の権力者や権力の座にあるユダヤ教の宗教家を批判し、それによって逮捕され、十字架に架けられて殺された。そこから、キリスト教の信仰がはじまるわけだが、もしその時代にカルトということばが存在したとしたら、イエスの周辺にできた集団は、間違いなくカルトと呼ばれたことであろう。

その点で、研究者にとっては、カルトという概念は、あつかうことが相当に難しいものである。私が、やがてカルトに対する発言で批判を浴びるのも、その点が関係していた。

創価学会、日蓮正宗と決定的対立

社会の関心がカルト的な宗教に集まるなか、日蓮正宗と対立するようになった創価学会は、この年、池田名誉会長を含めて会員全体が、日蓮正宗の信徒から除名処分される。

これによって、両者の対立関係は決定的なものとなり、二つの教団は決別への道を歩みはじめることになる。

それでも、この当初の段階では、創価学会の側も、日蓮正宗の側も、やがて時間が経ち、二つの組織のどちらかに大きな変化が訪れれば、ふたたび融合し、和解への道を歩みはじめると期待していたように思われる。しかし、そうした期待は満たされないまま、対立関係は今日にまで持ち越されている。一度、決定的な対立関係に陥ってしまえば、それを修復することは相当に難しい。

おそらく、日蓮正宗の側は、創価学会員を破門にしたり、除名したりすれば、一定の数の人間たちは、創価学会を捨て、自分たちの側に寝返るのではないかと予想していたはずだ。だが、そうした事態は起こらなかった。もちろん、この出来事を契機に創価学会を離れ、日蓮正宗の側についた人間もいる。けれども、その数は大きなものにはならなかった。

新宗教の場合、分裂や分派はつきものである。多くの教団は、それを経験している。ところが、創価学会の場合には、すでに七十数年の歴史を経てきているにもかかわらず、一度も、大規模な分派や分裂を経験していない。分裂や分派そのものが起こっていないと言っても過言ではない。

それは、他の新宗教の教団を考えれば、驚異的なことである。創価学会の結束力は、並外れて強力である。日蓮正宗からの決別という出来事は、その強さを改めて証明したことになる。

平成５年（１９９３年）マインド・コントロール集団自殺と

ブランチ・ダビディアンの集団自殺事件

前年の愛の家族をめぐる報道や、統一教会の合同結婚式（祝福）への有名人の参加を通して、「カルト」の問題が浮上した。日本の社会には、そうした小規模で過激な宗教への警戒感が強まるが、この年には、それをさらに裏書きするような出来事が起こる。

これは、日本ではなく、アメリカでのことだが、４月19日には、テキサス州のウェーコで、ブランチ・ダビディアン教団の集団自殺事件が起こる。

この教団の存在は、ほとんど知られていなかったが、その創立は１９３０年代に遡る。創設者は、セブンスデー・アドベンチスト教団に所属していたブルガリア生まれのビクトール・ホーテフという牧師だった。彼は、世界の終末を予言し、信者とともに共同生活を送っていた。ホーテフは１９５５年（昭和30年）に亡くなっている。

1977年（昭和52年）に、この教団に加わってきたのが、デービッド・コレシュだった。彼は教団に分裂騒ぎが起こったとき、片方の派のリーダーになる。そして、終末に起こる戦争に備えて、大量の武器を所有するようになる。

アメリカの連邦政府は、ブランチ・ダビディアン教団の捜査を開始する。教団は反発し、捜査当局とのあいだで銃撃戦が展開されることになった。教団の側は、自ら建物に火を放ち、それによって子どもを含め、80数人のメンバーが死亡した。

実は、カルトによる集団自殺の事件は、1978年にも起こっていた。それが、「人民寺院」の事件だった。この教団を率いていたのがジム・ジョーンズという人物で、当初は、都市の下層民を救済する教団として活動していた。

人民寺院は、1973年には、南米のガイアナに移住し、そこで共同生活を送るようになる。ところが、強制労働の疑惑がもち上がり、レオ・ライアン下院議員が調査に乗り出す。人民寺院の側は、調査を終えて帰国しようとしていた議員たちを襲い、議員や同行したマスコミの人間5名を殺害した。

これがきっかけとなって、人民寺院は、集団自殺をはかり、メンバーの9割に達する914人が毒を飲んで自殺した。これは、当時センセーショナルな事件として大きく報道されたが、テキサス州ウェーコの事件は、その再来ととらえられた。

統一教会脱会とマインド・コントロール

この事件が起こった2日後の4月21日、前年統一教会の合同結婚式に参加し、この教団の信者と婚約していた新体操の元オリンピック選手、山﨑浩子が記者会見し、統一教会からの脱会を表明した。

山﨑は3月のはじめ、婚約者とその両親とともに、三重県鳥羽市にある彼女の姉の家を訪れた。5月に予定されていた結婚披露宴の打ち合わせをするためだった。ところが、彼女は姿を消し、婚約者の方は警察に捜索願を出した。そして、記者会見を開き、家族の依頼を受けて統一教会の信者を脱会させるグループによる手口に酷似しているという見解を発表した。

実際、山﨑は、統一教会の信者を説得し、脱会させるキリスト教プロテスタントの牧師の手にゆだねられていた。彼女は、姉などとマンションで生活するなかで、統一教会の教えが間違っていると教えられ、自分が教団の広告塔として操られていると考えるようになり、脱会を決意する。記者会見にあわせて、通常の発売日を1日繰り上げて発売された『週刊文春』には、彼女の手記が掲載された。

この記者会見は、『週刊文春』とTBSがセットしたものだったため、朝日新聞社が発行する週刊誌の『アエラ』には、「山﨑浩子さんは『文春』の広告塔か」という記事まで掲載された。彼女が失踪した3月の時点で、『週刊朝日』にはすでに、「山﨑浩子の失踪で明らかになった統一教会vs改宗グループの暗闘」という記事も掲載されていた。

記者会見が行われた当日には、アメリカで統一教会に入信し、幹部になったものの、教団のあり方に疑問を感じて脱会し、そのあとは、心理学を学んで、統一教会などの信者の脱会カウンセリングにあたっていたスティーヴン・ハッサンの『マインド・コントロールの恐怖』(恒友出版)という本の翻訳まで刊行され、著者が来日した。

これに対して、山﨑の婚約者や統一教会の側は、『週刊文春』や彼女に脱会するよう説得したグループを厳しく批判し、それは本人の意志を無視した強制的な改宗であると抗議した。ただし、統一教会に対しては、霊感商法の疑いがあり、不正な手段を使って金儲けをしているということで批判が集まっており、形勢は統一教会の側に不利だった。この事件を通して、「マインド・コントロール」ということばが広く知られるようになり、流行語にさえなっていく。

当時から、マインド・コントロールということばが、具体的に何を意味しているのかということは問題になっていた。従来なら、宗教が、個人を無理に信者にする方法は、「洗脳」と言われていた。マインド・コントロールは、洗脳とは違うものだと説明されたが、どこで区別されるのか、その点はかなり曖昧《あいまい》だった。

アメリカで洗脳ということが問題になったのは、朝鮮戦争の後のことである。この戦争に従軍したアメリカ軍の兵士のなかには、共産軍の捕虜になり、中国に連行され、そこで共産主義の教育を受け、共産主義者に改造される人間が現れた。そこで、アメリカ国内で、洗脳ということが問題になる。共産主義の勢力が効果的に洗脳を行えば、共産化が進行する危険があると考えられたのである。

アメリカでは、中国で共産主義に洗脳されて帰国した人間などを対象にして、研究が進められ、その方法とメカニズムが解明されていった。中国の共産主義政権は、捕虜を隔離して、尋問をくり返し、アメリカの社会体制に対する批判を徹底して教え込む。その上で、アメリカ兵に罪の意識を植えつけて、自己批判させ、それによって共産主義者へと改造していることが明らかにされたのだった。

中国側は、こうした方法を「思想改造」と呼び、敵方の捕虜に対してだけではなく、自国のかつての支配者など上層階級にも試みていた。満州国の皇帝に祭り上げられた清朝最後の皇帝、愛新覚羅《あいしんかくら》溥儀《ふぎ》は、『わが半生』(上下、ちくま文庫)という自伝のなかで、どのように自分が思想改造されたかを詳細に語っている。

実は、日本人の方が、これよりも早く、共産主義による洗脳を受けていた。その対象となったのは、シベリアに抑留された捕虜たちで、ソ連の手によって共産主義の洗脳が施された。

その一人が歌手の三波春夫であった。彼は、シベリアに4年間抑留されているあいだ、徹底した共産主義の洗脳を受けて、感化された。帰国した直後には、「眠れる農民よ、新しい時代に目覚めよ」と呼びかける社会主義浪曲を語っていた。

洗脳を施される人間は、皆、囚われの身にあるわけで、その点で自由を奪われ、強制的に共産主義について学ばされた。ただし、暴力的な手段を使って、無理に共産主義者に改造するようなことは行わず、あくまで教育をくり返し、洗脳の対象となる人間が納得して、共産主義を受け入れるようしむけていくという方法がとられた。その点では、共産主義による洗脳自体が、洗脳ということばのイメージには必ずしもそぐわないものだった。

統一教会その勧誘の実態

マインド・コントロールの場合には、洗脳とは異なり、強制的な手段は用いず、あくまで説得によって脱会へ導いていくと説明されたものの、今述べたように、洗脳自体が必ずしも強制的な手段を用いないので、その区別は相当に曖昧だった。山﨑の場合にも、彼女がマンションに隔離され、長期にわたって説得を受けたのは、強制されてのことではないかという批判が生まれた。

洗脳ということばを使うにしても、あるいはマインド・コントロールということばを使うにしても、カルトとして危険視される宗教では、外部の人間を信者にするために相当に巧みな方法が開発しているという印象を受ける。

だが、教団が、信者を作り上げるために本当に巧妙なノウハウをもっているかと言えば、それは疑問である。

山﨑の件で批判された統一教会の場合、私は、大学院生の時代に一度、その勧誘にわざとつかまってみたことがある。調査ができないかと考えたからだ。私は、「ホーム」と呼ばれる信者が共同生活を行っている場所に連れていかれた。

そのホームは、大学の近くにあった大きな一軒家で、私はその家の2階で、信者の講師から『原理講論』の講義を受けた。ほかに受講者はおらず、私一人で講義を聞かされることになったが、講師は、その内容について熱く語っていた。

帰りがけには、食事をしていくように誘われた。最初は断ったが、くり返し誘われるので断れなくなり、食堂で夕食をともにしたが、それはツナが少ししか入っていないカレーライスだった。食事が終わると、信者たちはまた来てくれるよう誘ってきたが、私は、視線のあっていない彼らの表情に不安なものを感じ、二度と訪れることはなかった。

これが泊まりがけの研修会であれば、状況はかなり違ったことだろう。統一教会では、信者になるための研修会を用意していて、それは21日間にわたって続く。そこでは、徹底して『原理講論』についての講義が行われ、参加者は、講義の時間が長いため、睡眠不足の状態で、感化されやすくなってしまうとも言われる。

しかし、そこで行われるのも、徹底した講義のくり返しであり、ほかの手段はほとんど用いられない。果たしてそれで巧妙と言えるのかどうかは問題である。

統一教会は、大学などでは、キャンパスを歩いている学生をターゲットに勧誘を行っていた。とくに狙われるのは、地方から出てきたばかりの新入生で、まだ大学で新しい友だちもできず、不安な思いを抱いている彼らの弱みをついて、誘ってくるのである。

都会の大学に出てきたばかりの新入生は、宗教や政治の活動に参加した経験もなく、その点で、「免疫」がない。そのため、寂しさがまぎれるというだけで、勧誘されてしまうのである。その点では、テクニックの巧みさよりも、ターゲットとしてどういった人間が選ばれるかが大きいと言える。

私が学生だった時代は、大学紛争が終焉を迎えようとしていた時代だったものの、政治的なセクトから勧誘を受けることはあった。その点で、免疫もできていた。それが、政治の季節が去っていくことで、勧誘するのは政治セクトではなく、宗教に代わった。そこには、時代の変化があり、宗教的なものが求められる社会状況が生まれていた。

サイババ・ブームとホラー・ブーム

だからこそ、宗教ブームのような事態が生まれ、オウム真理教や幸福の科学に学歴が高いエリートが入信していくことになったのだが、同じパターンでもう一つのブームを作ることになる本が、ブランチ・ダビディアン教団の集団自殺が起こり、山﨑の脱会記者会見が行われたのと同じ4月に刊行されていた。

それが、青山圭秀《まさひで》の『理性のゆらぎ』(三五館、現在は幻冬舎文庫)という本だった。この本は、インドの宗教家であるサイババのことを日本に紹介する役割を果たすことになる。さらに青山は、翌年、その人間の死ぬ時がわかるというインドの占いについての本、『アガスティアの葉』(同前)を出し、これは爆発的に売れた。著者は、東大の大学院を修了した理学博士で医学博士だった。そうした理科系のエリートが紹介者となったことで、サイババやアガスティアの葉のブームが訪れることになるが、実際にブームが起こるのは翌平成6年のことだった。

さらに、鈴木光司のホラー小説『リング』(角川ホラー文庫)が文庫として再刊されたのも、この月だった。この小説は、やがてホラー・ブームを生むことに貢献するが、平成3年に単行本として刊行されたときには、あまり売れず、話題にもならなかった。それが、文庫化で注目されてベストセラーになり、映画化されることでブームとなっていく。

この『リング』やその続編である『らせん』(角川ホラー文庫)の新しさは、恐怖を引き起こす道具立てとして、ビデオという当時としては目新しい材料が用いられたことにある。だが、もう一つ重要な点は、祟《たた》りを引き起こす存在の動機が、必ずしも明確ではないことにあった。

従来なら、いじめや虐待にあい、恨《うら》みをもちながら死んだ人間の霊が祟った。ところが、この二つの作品で、祟りを引き起こす山村貞子という人物の具体的な人間像は不明確で、なぜ祟らなければならないか、その理由はあまりよく分からない。

そのため、殺されるかもしれないという恐怖が、登場人物のあいだにどんどんと広がっていき、そこで起こる事件は無差別殺人の様相を呈していく。そこには、明らかにこの作品が生まれた時代の様相との密接な関係があった。そして、現実の社会では、やがて無差別殺人がくり返されることになっていくのである。

結党30年の悲願、公明党の連立政権参加

6月9日には、皇太子と小和田雅子さんとの結婚の儀が行われ、日本中が皇太子ご成婚に沸きかえった。国民は、皇太子の結婚を待ち望んでいたが、一般の民間人が皇室に嫁ぐことは容易なことではなかった。実際、ご成婚後には、皇太子夫妻をめぐってさまざまな出来事が起こることになる。

ご成婚の直後、政治の分野で重要な出来事が起こる。創価学会の組織した公明党が、はじめて連立与党入りしたのである。6月18日に、野党は当時の宮澤喜一内閣に対する不信任案を提

出し、自民党内の小沢一郎などが賛成票を投じたため、不信任案が可決され、衆議院は解散された。

これによる選挙で、自民党は単独過半数を確保できなかった。自民党を離党して新生党を組織していた小沢が中心になり、非自民、非共産の細川護熙《もりひろ》内閣が誕生し、公明党もその連立政権に参加した。公明党の結党は昭和39年のことで、それ以来30年が過ぎようとしていた。

公明党が結党した当時、創価学会の会員たちは、いつの日か、公明党が衆議院で多数派を占め、政権を奪取できると夢見ていた。ところが、しだいにその夢は遠のいていき、公明党は政策や政権戦略で迷走を重ねることになる。

ところが、チャンスは突然に訪れ、はじめて政権与党につらなることができた。それは、公明党を支持し、その選挙運動を担ってきた創価学会の会員にとって、念願が叶ったということである。しかし、連立政権は安定性を欠き、翌年には崩壊する。ふたたび公明党は、野に下ることになるのである。

平成6年（1994年）

サイババ・ブームと政治問題化する創価学会

アガスティアの葉とスピリチュアル・ブーム

この年の5月29日、女流棋士として人気を博していた林葉直子が、内弟子として住み込んでいた永世棋聖《えいせいきせい》の米長邦雄《よねながくにお》に、インドのサイババのところに行くと言い残し、失踪するという出来事が起こる。

林葉は、子どもの頃から棋士としての才能を見込まれ、14歳ではじめて女流王将のタイトルを獲得してから10連覇を果たすなど、その才能を発揮していた。ただ、平成3年と5年にはタイトル戦で敗れ、棋士として曲がり角に差しかかっていた。

前の年に、理学博士で医学博士の青山圭秀がサイババについて紹介した本を刊行したことについては、すでにふれたが、林葉も、この青山の影響でサイババのことを知ったのだった。

林葉の失踪劇は、女性週刊誌やワイドショーの格好のネタともなったが、この事件は、むしろサイババの存在を日本の社会に広く知らしめることに貢献した。この年、サイババ・ブームが訪れる。

年末には、当時霊能者としてテレビなどでも活躍していた宜保《ぎぼ》愛子がサイババのもとを訪れるといった番組も放送された。各テレビ局は、サイババに関連した番組を次々と放送し、その人気は高まっていった。当時、私は喫茶店の隣の席で、中年の女性たちが、サイババのことを当たり前のように話題にして、熱心に話し込んでいるのを目撃したことがある。

実は、私のところにも、サイババを取材してみないかというテレビ局からの依頼があった。11月にインドに向かったが、相手役は、女優の高橋ひとみで、彼女と二人、サイババが活動している南インドのプッタパルティを訪れた。

その直前に、日本の別のテレビ局が隠し撮りを行い、それがサイババの財団に発覚してしまったため、サイババに面会することはできなかった。それでも、定例の集会に参列し、サイババが、参加者に「ヴィブーティー」と呼ばれる灰をどこかから出して、与えている光景は目撃した。

プッタパルティの街には、財団が運営する大学などの教育機関や病院があったが、学費や治療費はすべて無料だという話だった。私の印象では、サイババは、手品だとして批判も受けた、空中に指輪や時計などを出現させる方法を用いて、欧米の豊かな階層の人間たちからの崇拝を集め、あわせて金を引き出すことで、それを貧しいインドの人間たちに還元しているように見受けられた。その点で、サイババは、社会福祉の環境が十分には整っていないインド社会で、社会福祉家としての役割を果たしているように思えたのである。

その取材旅行の際には、「アガスティアの葉」を使って占いをする場所も訪れた。これも、青山がこの年に刊行した書物のなかで紹介し、やはり日本でもブームになったものだが、アガスティアの葉によって、その人間の死ぬ日がわかるという点に注目が集まった。

このアガスティアの葉にも仕掛けがあり、古い経典を用いて、そこに記された文字に子音がないことを利用し、客から聞いたことをそこに当てはめ、それで占いを行っているように見えた。実際、私の人生はこれからも順調だと言われたし、高橋は遠からず結婚するとも言われたが、どちらも当たらなかった。

こうしたサイババやアガスティアの葉への関心は、今日のスピリチュアル・ブームに結びつくものであり、バブルの時代からバブル崩壊直後に起こった宗教ブームの延長線上に位置するものであった。神秘的なもの、あるいは霊的なものへの関心は高く、そうしたものは、現実の社会に生きることにどこか不安を抱え続けている人間たちにアピールする魅力をもっていた。

もう一つ、後のスピリチュアル・ブームに結びつく新たな動きとして、この年はじまったのが、「船井オープンワールド」の開催であった。船井とは、経営コンサルタント会社の船井総研（船井総合研究所）のことだった。その創業者は、京都大学農学部を卒業した船井幸雄《ふないゆきお》で、彼は地域で一番規模の大きな店をめざす「地域一番店戦略」を展開して、中小の事業者の支持を集めたが、一方で、気や波動、潜在意識といったことばを駆使し、科学によっては証明できない疑似科学やオカルトの領域に強い関心を寄せるようになった。

船井のもとには、オカルトや精神世界で活動する人間が寄り集まり、ネットワークを築き上げていった。オープンワールドは、そうしたネットワークの上に開かれる精神世界の万博のようなもので、それ以来今日まで毎年開かれている。現在では、船井が船井総研の取締役社長を退いたことで、船井個人が主催者となり、その名称も「船井幸雄オープンワールド」に改められている。

死者8人、重軽症者660人の松本サリン事件

しかし、そうしたブームは、翌平成7年に、オウム真理教による地下鉄サリン事件が起ることで、宗教や宗教的なものに対する警戒心が強まり、一気に鎮静化していくことになる。

平成4年以降、オウム真理教の動向についてはほとんど伝えられておらず、世間も関心を失っていた。ところが、その陰で、教団は武装化の方向に歩み出していた。前年平成5年11月には、上九一色村の第7サティアンで、サリンの大量生成をめざしたプラントの建設がはじまっ

ていた。

そして、オウム真理教は、実験室でサリンの生成に成功していた。11月18日と12月18日には、東京八王子市の創価大学近くの東京牧口記念会館で、サリンを散布している。目的は、創価学会の池田大作名誉会長を殺害することにあった。警備していた創価学会の会員に怪しまれ、サリン散布にあたったオウム真理教の信者たちは逃走した。

その際に、教団が犯した数々の凶悪事件に関与し、やがて死刑判決を受けることになる新實《にいみ》智光《ともみつ》が逃走のために防毒マスクを外したため、サリンを吸ってしまい、一時重態に陥った。

この出来事は、それが起こった当時は、警察にも、被害を受けた創価学会にも事件としては認識されていなかった。事件の存在自体が明らかになったのは、平成8年1月に開かれた松本サリン事件についての法廷においてだった。

オウム真理教が、池田名誉会長を狙ったのは、平成元年の『サンデー毎日』による糾弾キャンペーンがあったからだった。毎日新聞社の子会社である印刷会社が、創価学会の機関紙である『聖教新聞』の印刷を請け負っていることは周知の事実であり、そこから毎日新聞社と創価学会との密接な関係を噂するような声が上がるようになった。実際、毎日新聞社からは、池田の著作が刊行されている。

オウム真理教の麻原彰晃は、そこから『サンデー毎日』が自分たちを糾弾するキャンペーンを張ったのは、創価学会の差し金であると考えるようになった。平成3年に彼と大学の学園祭の対談講演で同席した際、私がその翌日創価学会の人間と会うことになっていると言うと、彼は真顔で「大丈夫ですか」と言い出し、創価学会に対する強い警戒感を示したことを覚えている。彼のなかでは、創価学会と毎日新聞社がグルになって、自分たちを攻撃しているのだという妄想がふくらんでいた。

そして、この年の6月27日深夜、オウム真理教の信者たちは、一連のサリン事件で中心的な役割を果たしていた幹部の村井秀夫に率いられ、長野県松本市の住宅街で、サリンを散布した。これによって、死者8人、重軽症者660人が出ている。

村井などは、新實がサリンを吸って重態に陥ったことを知っていたので、自分たちの教団が生成したサリンに強い殺傷能力があることを認識していた。だが、彼に連れられて現場に赴いただけの信者たちは、そうした認識をもっていなかった。そのため、翌日の新聞で自分たちが甚大な被害を与えたことを知り、激しく狼狽したのだった。

なぜオウム真理教がサリンの大量生成をめざさなければならなかったのかということ自体、その理由は必ずしも明確ではない。東京全体にサリンを散布し、混乱状態を作り出して、クーデターを起こそうとしたのだとも言われるが、計画はあまりに荒唐無稽で、理解に苦しむ。

松本サリン事件についても、どうしてあの場所でなければならなかったのかが理解できない。

教団が関係した裁判の審理を行っている裁判官の宿舎を狙ったとされてはいるが、散布した現場と宿舎とのあいだには別の建物があり、本当に言われていることが目的だったのかどうか、釈然としないものが残されている。

松本サリン事件が起こった段階では、誰も、オウム真理教が犯人であるとは思ってもいなかったし、その可能性を考える者もいなかった。しかし警察は、サリンの原材料となる薬品の購入者を探っていくなかで、オウム真理教に行き着く。だが、この段階では、その事実は国民にはいっさい知らされなかった。

四月会の結成と公明党の解党

この時期、創価学会に対して強い警戒感を抱いていたのは、オウム真理教だけではなかった。この年の5月に、創価学会に対して批判的な宗教団体や有識者が集まって、「四月会」という組織が結成される。正式な名称は、「信教と精神性の尊厳と自由を確立する各界懇話会」というものだった。4月から結成への話し合いが行われていたことで、四月会という略称が生まれ、それが広まることになる。代表幹事は、評論家の俵孝太郎《たわらこうたろう》がつとめていた。

こうした動きが生まれた背景には、その前年に誕生した細川政権において、公明党がはじめて政権参加したことがあった。四月会には、創価学会と対立関係にあったライバル教団の霊友会や立正佼成会などの関連団体が参加しており、公明党の政権参加で、創価学会が政治的な権力を握ったことに対して強い恐れを抱いていた。

四月会の設立総会は、6月23日に開かれ、その1週間後には、自民党と社会党、それに新党さきがけによる「自社さ政権」が成立した。設立総会には、そうした党の代表が参列していた。自民党を中心とした政権にとって、創価学会の集票能力は脅威であり、少しでもそれをそぐことが、せっかく取り戻した政権の座を安定させることにつながる。そこで、この時期、反創価学会の活動に力を入れるようになったのである。

それに対して、創価学会の側は、11月5日に東京ドームに多数の会員を集め、四月会の活動に抗議する集会を開いている。

12月には、小沢一郎を中心に、自民党に対抗する野党として新進党が結成される。この新進党には、公明党も参加しているが、その際に、公明党は解党し、衆議院議員と次の選挙で改選される参議院議員とが新進党に合流した。残りの非改選の参議院議員と地方議会の議員は、新たに「公明」という政党を結成した。

公明党が結成されたのは、昭和39年のことで、昭和42年にははじめて衆議院に進出する。それ以来、公明党は政権の座につこうとさまざまな模索をくり返してきた。一方で、社会党や民社党との連携による政権作りをめざす「社公民路線」をとりつつ、自民党のとくに田中派と連携し、政権入りをめざす動きも見せていた。

結党以来、公明党は、この二つの方向性のあいだで、激しく揺れ動き、なかなか政権入りを果たすことができなかった。新進党の中心となった小沢は、自民党時代には田中派に属しており、その点で、公明党と密接な関係をむすぶ素地があった。

公明党の国会議員たちが、自分たちの党を解党してまで新進党に参加したことは、自民党にさらなる警戒感を生むことになった。ただし、非改選の参議院議員と地方議会の議員は、新進党に参加しなかったわけで、この分裂は、やがては新進党が解党する一つの原因を生むことになる。

強まるカルト宗教への批判

カルトにかんしては、海外でまた動きがあった。10月5日のこと、スイスとカナダで太陽伝説国際騎士団（通称は太陽寺院）のメンバー、53人が死亡しているのが発見された。集団自殺と見られた。この事件は、前年にアメリカで起こったブランチ・ダビディアン教団の集団自殺との関連で大きな話題になった。

ただし、宗教の中身ということでは、ブランチ・ダビディアン教団と太陽寺院とは、性格を異にしていた。前者が、終末論を掲げる典型的なカルトであるとすれば、後者は、むしろヨーロッパの神秘主義の伝統のなかで伝説化されてきたテンプル騎士団と結びつきをもっていた。

後に『ダ・ヴィンチ・コード』(角川書店)が売れ、映画がヒットしたことで、テンプル騎士団のことは、一般にも広く知られるようになるが、太陽寺院の場合、裏社会との関連が疑惑として浮上している。信者から集められた金が、いったいどこへ流れたのかが分からないからである。

バブル経済の時代から、その崩壊直後の時代には、宗教をめぐる出来事にも、明るさや希望というものが伴っていた。ところが、バブル崩壊から時間が経ち、しだいに経済環境が悪化してくると、宗教にまつわる出来事にも、暗さが伴うことになる。

私の場合にも、平成5年から6年にかけて、統一教会に反対している人間から批判を受けるようになる。統一教会に批判的な人間たちは、山﨑浩子の脱会劇に見られるように、かなり強引な方法を使っても、統一教会から脱会させることは正しいと考えていた。

しかし、私は、大学時代にヤマギシ会に入った経験があり、強制的に脱会させられることに強い疑問をもっていた。たとえ、自分が入った集団がカルトであったとしても、その体験自体には価値がある。それをなかったことにはできないし、するべきではない。

私はそうした観点から発言したり文章を書くことで、統一教会を批判していた浅見定雄や有田芳生《たよしふ》から批判的な文章や記事を書かれた。私は、統一教会の教えや方向性に賛同していたわけではないし、霊感商法を認めていたわけではない。だが、メディアに出て、統一教会に反対する人たちとは異なる見解を述べていたことで、バッシングを受けるようになっていたのである。

平成7年(1995年) 地下鉄サリンと私へのバッシング

サリンと第7サティアン

この年の1月1日、『読売新聞』は1面トップで、山梨県の上九一色村でサリンの残留物が発見されたと報じた。当時、上九一色村には、オウム真理教の「サティアン」と呼ばれる建物が林立し、一大拠点となっていた。この記事は、前年の6月に起きた松本サリン事件とオウム真理教とを結びつける最初の報道となった。これによって、オウム真理教に対して疑惑の目が向けられることになる。

これに関連する記事を掲載する週刊誌などもあったが、1月17日、阪神・淡路大震災が起こり、報道がそちらに集中したため、当初の段階ではそれほど大きな話題にはならなかった。

この大震災では、新宗教を含め、それぞれの宗教団体は積極的にボランティア活動に参加した。そのなかには、オウム真理教も含まれていた。

私は、阪神・淡路大震災が起こった翌日の18日、若者向けの硬派な雑誌『宝島30』の編集者とともに、東京の南青山にあったオウム真理教の総本部を訪れた。サリンについての疑惑を取材するためだった。その際、教団を代表して取材に応じた幹部で顧問弁護士の青山吉伸は、疑惑を全面的に否定した。

編集者は青山に対して、サリンを製造したのではないかと疑われていた第7サティアンを取材させるように強く求めた。青山は、その場では取材に難色を示し、上に相談すると答えるにとどまった。

その後、青山から取材を受け入れるという連絡があり、私は南青山を訪れた1週間後、編集者とともに、車で上九一色村に向かった。富士山がよく見える寒い日だった。第7サティアンの周辺には、白くて殺風景なオウム真理教の建物がいくつも建てられていて、そのあいだを車に乗った信者たちが頻繁に行き来していた。

私が上九一色村を訪れたのは、それがはじめてのことで、その光景を見て、衝撃を受けた。その4年前には、熊本波野村の道場を訪れていたが、上九一色村のサティアンの群ははるかに規模が大きく、そこにはオウムの一大王国が築き上げられていたからである。

その日、私だけが第7サティアンを取材することを許され、青い法衣を着せられて、建物内部に案内された。なかは、工事中の現場のような状態で、仏像やシヴァ神の像、仏画などが無造作に飾られていた。

中心にあったのは大仏で、その頭部にはスリランカから贈られた仏舎利《ぶっしゃり》がおさめられているという説明を受けた。ただし、この大仏は発泡スチロールのにわか造りで、ひどく稚拙なものだった。

私は、その取材をもとに、第7サティアンが宗教施設であるという趣旨の原稿を書き、後に批判も受けることになるが、大仏が稚拙なものであるからこそ、いかにもオウム真理教らしいと判断したところがあった。

そもそも、当時の私の頭のなかでは、オウム真理教とサリンとはまったく結びつかなかった。『朝まで生テレビ!』の放送があった平成3年には、それを含め麻原彰晃と4回会う機会もあったが、彼らがロシアに進出した翌年以降はほとんど接触がなかった。

したがって、オウム真理教がどういった状況にあるのかを把握していなかったせいもあるが、ヨーガやチベット密教を実践する教団が、猛毒のサリンを使って無差別殺人を実行するとはとても思えなかったのである。

3月20日、地下鉄サリン事件

2月28日、オウム真理教の信者4名が、品川区の路上で目黒公証人役場事務長を拉致して、上九一色村に連れ去り、麻酔薬の過剰投与によって死亡させるという事件が起こる。

事務長の妹が教団の信者になっていて、教団は、妹の所有になっている土地建物を布施させようとしていた。妹はそれに抵抗し、兄のところに逃げ込んでいたので、その居所を聞き出そうとしてのことだった。

オウム真理教の信者が事務長を拉致したことは、3月4日付の『朝日新聞』で報じられた。布施をめぐるトラブルは宗教につきものだが、当時のオウム真理教は、疑惑が向けられるなか、信者のリンチ殺人や教団に批判的なジャーナリストや弁護士などの襲撃をくり返していた。ただし、こうした事実が一挙に明るみに出るのは、地下鉄サリン事件が起こり、教団に強制捜査が入ってからのことである。

3月20日の朝、テレビでは、営団地下鉄（現東京メトロ）の霞ヶ関駅周辺で、異臭騒ぎがあり、被害者も出ていると報じていた。複数の線で被害が起こっていたため、当初、この事件は「同時多発ゲリラ」と報じられた。この時期、ゲリラということばは新左翼の過激派による攻撃をさしており、当初の段階では、過激派が犯人と想定されていたことを示している。

私は、そのニュースを聞いた後、外出した。当時は大学に勤めていて、その日は卒業式と謝恩会が開かれることになっていたからである。

ところが、家の外に出ると、自転車に乗った警官がいた。その警官は、私の家にやってきたようで、路上で話しかけられた。私はそのとき住んでいた家に移る前、近くのマンションに住んでいたが、前の晩、そのマンションに爆発物のようなものが仕掛けられたというのである。

実は、前の晩には、南青山のオウム真理教の本部にも火炎瓶が投げ込まれるという事件が起こっていた。どちらも、教団が被害者であるよう見せかけるための自作自演の出来事だったが、私は警官から話を聞いて、オウム真理教の犯行だと直感した。その根拠は、オウム真理教から送られてくる出版物の宛先が、前の住所になっていたからである。

それでも、サリン事件にかんしては、この段階では、とてもオウム真理教の犯行とは思えなかった。疑惑が向けられているにもかかわらず、あえてサリンを使用するのは、教団にとって疑惑を認めるようなものである。私には、彼らがそれほど愚かなことをするとは思えなかった。

それは、私だけの感覚ではなかった。地下鉄サリン事件の翌々日、警察による大規模な強制捜査が教団に入り、メディアは、オウム真理教に関連した報道一色に塗りつぶされ、国民の関心もそこに集中した。この時期、オウム真理教に関連したテレビ番組を放送すれば、30パーセント以上の高い視聴率に達した。

視聴者の関心が高かったのは、果たしてオウム真理教が犯人なのかどうか、はっきりとした証拠がなく、断定できない状態がしばらくのあいだ続いたからである。上祐史浩をはじめ、教団の幹部が直接テレビに出演し、激しく反論を展開したことも、視聴者の関心を高める方向に作用した。

それは、その前の年に起こったサイババ・ブームと共通するところがあった。上祐にしても、やがては国土法違反で逮捕、起訴され、実刑判決を受けて服役することになるが、テレビで反論を展開していたときには、アイドル的な人気を博し、「上祐ギャル」と呼ばれる女性ファンまで現れた。

テレビの方も、たんに凶悪犯罪を追及するという姿勢ではなく、興味本位でオウム真理教のことを取り上げることも少なくなかった。たとえば、ホーリー・ネームから信者の名前を当てさせるクイズを出し、それを一般の中年女性が次々と正解させていくような番組も流されていた。

村井秀夫刺殺事件と麻原彰晃逮捕

そんななか、4月23日には、教団のナンバー2と目され、数々の事件で中心的な役割を果たしてきた村井秀夫が総本部前で刺され、未明に死亡するという事件が起こる。犯人は、その場で逮捕され、懲役12年の実刑判決を受けるが、その動機や背後関係は、今日まで明らかになっていない。

村井は、大阪大学理学部を卒業し、大学院を修了して神戸製鋼に入社した。その後、オウム真理教に入信、出家し、ナンバー2の座にのぼりつめた理科系エリート信者の典型だった。当時のオウム真理教では、省庁制なるものを敷いていた。これは、教団内のさまざまな部署に、省庁の名前をつけたもので、教団の経理部門は大蔵省などと呼ばれていた。

この省庁制が実施されたとき、信者のなかからは、これはギャグではないかという声も上がり、真面目な制度とは考えられていなかった。しかし、マスコミがそれを面白おかしく取り上げたこともあり、教団の省庁制は、しだいに実体を伴ったものとみなされるようになる。そのなかで、村井は科学技術省大臣の役割を与えられ、実際、サリン・プラントの建設などでは中心的な役割を果たしていたのだった。

村井は真面目で、いかにも宗教に関心があるという雰囲気の人間で、教団外の人間から好感をもたれていた。ただし、初期の段階から殺人事件に関与し、坂本弁護士一家殺害事件でも実行犯の一人として犯行に加わっている。松本と地下鉄の両サリン事件で、麻原の命令を実行犯に伝えたのも村井で、彼しか知らない事実は少なくなかった。その点で、村井の刺殺は、事件全体の解明を決定的に難しくしてしまった。だからこそ彼は殺されたのだとも言える。

5月16日には、第6サティアンの壁のなかに隠れていた麻原が逮捕される。彼の脇には札束もあったと言われる。地下鉄サリン事件後、麻原はまったく姿をあらわしていなかった。テレビに積極的に出演し反論を展開した幹部たちとは対照的だった。一度だけ、事件とは無関係だと麻原が弁明するビデオがＮＨＫで放送されたが、それだけだった。麻原は、他の信者とともに、６月６日に殺人と殺人未遂の罪で起訴されている。

今から振り返ってみれば、逮捕から起訴までの期間が、事件の重大さに比べれば、短すぎたようにも思われる。警察・検察は、独裁的な権力をふるう麻原の命令一下、信者たちが凶悪犯罪をくり返したという構図を描き、それをもとに起訴した。

しかし、宗教団体であるオウム真理教は、それまで警察・検察が扱ってきた暴力団や新左翼の過激派といった政治集団とは性格を異にしており、命令系統などは必ずしも明確ではなかった。麻原はグルとして頂点に立ってはいたものの、村井や他の幹部たちは、必ずしも麻原の指示や承諾を得ないまま勝手に行動していた面があった。ユダヤ人による陰謀説は、麻原が幹部から吹き込まれたものだったし、薬物の使用についても、幹部が麻原に勧めたものだった。しかも、麻原は目が見えなかった。一部には、そのふりをしていただけだという主張も存在するが、麻原が盲目だと偽る理由がなかった。

果たして、一連の事件において、誰が主導的な役割を果たしたのか。すべてを麻原には帰せられないところがあった。すでに述べたように、松本サリン事件や地下鉄サリン事件で、実行犯に指示をしたのは村井で、麻原ではなかった。サリンの散布は、麻原と村井が協議して決めたものと思われるが、その場にはほかに誰もおらず、本当に麻原の指示を村井がそのまま実行犯に伝えたのかどうか、今もってその証拠は出ていない。

これは、後に禍根《かこん》を残すことにもなるが、日本の政府、日本の社会は、事件の全容を解明していくことよりも、オウム真理教を解体していくことに力を注いでいく。6月30日には、宗教法人オウム真理教を所轄する青島幸男東京都知事と東京地検が、東京地裁にオウム真理教の解散命令を申し立てる。10月30日に、地裁は解散を決定し、教団の側は即時抗告したものの、12月19日には東京高裁で棄却されている。また、12月11日には、国と事件の被害者が、東京地裁に教団の破産宣告を申し立てた。

ある女性祈禱師と6体の腐乱死体

実は、オウム真理教をめぐる騒動の陰で、宗教にまつわる陰惨な事件が起こっていた。

この年の6月のこと、福島県須賀川市で、息子が行方不明になっているという捜索願が出された。警察が捜査したところ、その息子と妻が市内の女性祈禱師《きとうし》、江藤幸子《さちこ》の家に身を置いていて、妻が江藤などから暴行を受けていたことが判明した。

警察が江藤宅を家宅捜索すると、なんとその家からは6体の腐乱死体が発見された。一部はミイラ化していたものの、江藤やその長女、そして信者の元自衛官などは、死臭が消えれば蘇生すると信じていると供述した。しかし、それぞれの死体には叩かれた跡があった。

江藤は、借金苦などで岐阜に本部がある宗教教団に入信したものの、勝手に本部の名前を使ったことから破門され、個人で祈禱師として活動していた。前年の末には、10人ほどが同居するようになったが、江藤は「悪魔祓い」「御用」と称して暴行をくり返していた。江藤が元自衛官と愛人関係を結んだことで、同居している信者に対する猜疑《さいぎ》心が強まり、暴行はエスカレートし、最終的に男性2人、女性4人が殺される結果となった。

閉鎖的な集団生活のなかで、殺人がくり返された点では、オウム真理教と共通するし、かつての連合赤軍のリンチ殺人にも通じるものをもっていた。江藤は殺人罪で起訴され、平成20年には最高裁で死刑が確定している。

私へのバッシング騒動

一方、私は、このオウム真理教をめぐる大規模な騒動のなかに巻き込まれ、最終的には大学を辞職せざるを得なくなる。ただし、それは、私がオウム真理教を擁護し、それによって社会の激しい批判を浴びたという単純なものではなかった。

私に対する批判は、すでに平成6年の項目で述べたように、平成5年から起こっていた。月刊誌や週刊誌で、統一教会を擁護しているとして批判を受けたし、『噂の眞相』には、事実無根のスキャンダル記事を書かれた。

翌年になると、春には、大学のすべての教職員や保護者のもとに、『噂の眞相』の記事のコピーを同封した怪文書が送付された。それは、私が学生をオウム真理教に無理やり入信させた上、性的な暴力をふるったといった内容のものだった。

そして、地下鉄サリン事件が起こり、私がテレビでコメントをするようになると、大学にはいっせいに抗議電話がかかってくるようになった。私は、オウム真理教がサリン事件の犯人ではないといった内容の発言をしたわけではなかった。5月中旬には、テレビの生番組のなかで、有田芳生や二木啓孝《ふたつきひろたか》といったジャーナリストに糾弾されるという出来事も起こるが、その際にも、『噂の眞相』や怪文書に書かれた内容をもとに批判された。

9月末には、『日刊スポーツ』紙の1面に、私が麻原からホーリー・ネームを貰い、幹部同然の扱いを受けているという記事が出た。これが決定的で、ワイドショーなどで連日叩かれ、大学から休職処分を受けた後、11月には大学を辞職した。大学当局は、私を解雇する方向で動いていて、その姿勢は強硬だった。

私は、オウム真理教の犯罪に関与したわけではないので、激しいバッシングを受けるのは、極めて不条理なことだった。ただ、自分の脇が甘かったことは事実である。本来なら、『噂の眞相』を名誉毀損で訴えておくべきだったと思う。当時の私には、批判を受けても、それをつっぱねてしまうところがあったし、真実は明らかになるはずだという思い込みもあった。退職後、『日刊スポーツ』については名誉毀損で訴え、全面的に勝訴している。

騒動が起こったとき、大学の同僚は最初、私を守ろうとしてくれた。それは、周囲の人間も同様だった。だが、当時、オウム真理教は絶対の悪であり、それに荷担したり、関係をもった人間は、それだけで批判を受けた。

そうした社会的な圧力がかかるなかで、バッシングを受けた人間を守ろうとすることは難しかった。大学の同僚は、しだいにその圧力に負けていき、辞職する以外に道はないと言うように変わっていった。そのとき、あくまで私を擁護すれば、本人たちが批判を受けたかもしれない。そうした圧力がない今から考えてみると、そうした事態が生まれていたことが不思議な気もする。けれども、当時の日本社会には、特殊な空気に支配されていた。

私が大学に辞職願を出したのは、42歳の誕生日の前日のことだった。辞職したのは、11月末のことである。その年の4月に私は助教授から教授に昇格したばかりだった。

平成8年（１９９６年）麻原初公判と宗教法人法改正

予想外だった麻原彰晃の初公判

オウム真理教の教祖、麻原彰晃の初公判が東京地裁で開かれたのは、この年の４月24日のことだった。麻原の初公判には高い関心が寄せられ、傍聴希望者は48席に対して１万２２９２人に及んだ。これは、日本の裁判史上、最高の数で、その記録はその後破られていない。

初公判では、最初に人定質問が行われ、被告人は麻原彰晃と名乗り、本名の松本智津夫については、「その名前は捨てました」と述べた。

そのあと、検察側による起訴状の朗読が行われたが、麻原は17の事件で起訴されていたため、その日は地下鉄サリン事件を含め三つの事件の起訴状しか朗読されなかった。地下鉄サリン事件については、３８０７人の死傷者全員の名前が読み上げられ、起訴状の朗読だけで5時間を要した。

起訴状朗読の後、被告人による罪状認否が行われた。麻原は、認否の姿勢を明確にせず、3分間にわたって意見陳述を行った。その意見陳述は、裁判に臨む麻原の心境を宗教的な用語を使って述べたもので、マスコミは意味不明と報じた。

しかし、その後の裁判の経緯を考えると、そこには裁判に臨む麻原の意志が示されていたと見ることができる。麻原は、そのなかで慈悲喜捨からなる仏教の教え、「四無量心《しむりようしん》」について述べ、それが自分の心境だと説明した。とくに、最後の「捨」の部分をオウム真理教流に翻訳した「聖無頓着《せいむとんちやく》の意識」を強調し、自分の「身の上に生じるいかなる不自由、不幸、苦しみに対して、一切頓着しない心」で臨むと述べた。

つまり麻原は、自分の裁判がどういう形で進行し、いかなる判決が出ようと、いっさいそれには関心をもたないと宣言したことになるのである。

それに対して、裁判長が、検察側が述べた内容のことを心の実践として行ったのかと問いただすと、弁護団は麻原が答えるのをさえぎり、罪状認否は保留した。

それまで、麻原がテレビに登場したときには、つねに雄弁で、自らの主張を積極的に展開した。それから考えれば、初公判においても、麻原は起訴状の内容を徹底して否定し、自らの考えを滔々《とうとう》と述べるのではないかと予想された。その意味では、彼が四無量心にしか言及しなかったことに肩透かしをくったような印象をもった人間は、私を含め少なくなかった。

だが、それはほんのはじまりにすぎなかった。麻原の裁判は、まったく予想されたのとは異なる方向に進んでいく。そして、最終的には、初公判の時点では誰もが予想しなかった形で結末を迎えることになるのである。

裁判からの醜悪な逃避

前年の12月に、公安調査庁は、破壊活動防止法(破防法)の団体適用をオウム真理教に対して行うことを教団に通知し、官報にも公示していた。それを受けて、弁明手続きが行われ、教団の代表である麻原は二度にわたって意見陳述を行った。その際には、自らの初公判とはまったく異なり、雄弁で、教団の危険性を真っ向から否定し、自分は教祖の地位から退きたいという意見を表明した。

この破防法の弁明の際の姿勢こそ、裁判に臨む麻原がとる態度として予想されたものであった。ところが、自らの公判では、罪状認否を留保し続け、10月18日に開かれた第13回公判では、愛弟子である井上嘉浩《いのうえよしひろ》に対する証人尋問が行われた際、「この事件は私が背負う。でも私は無実だ」と述べて、井上の証言を阻止しようとした。

11月7日の第14回公判では、審理の最中に勝手に発言し、退廷処分を受けている。その後も、不規則発言によって何度も退廷処分を受けている。そして、この秋以降、麻原は自らの弁護団との接触さえ拒否するようになった。

思想家の吉本隆明《よしもとたかあき》や中沢新一など、知識人のなかには、麻原が法廷で、無差別殺人を宗教的な立場から肯定するような見解を述べることを期待した者たちがいたが、そうした期待はまったく裏切られた。マスコミを含め、世間は、こうした麻原の奇怪な態度に失望し、麻原は死刑判決を恐れて、裁判を逃げていると考えるようになる。そして、急速に裁判に対する関心を失っていく。

麻原の法廷での姿勢は、予想外なものであるだけではなく、まったく理解できないものである。裁判に対して真摯な態度で臨まなければ、裁判官の心証は悪化し、それは判決にも影響する。にもかかわらず、麻原は、日本の裁判史上、もっとも奇怪な態度を最後までとり続けることになるのである。

なぜ彼はそうした態度をとったのだろうか。検察側の主張が認められれば、死刑判決は不可避だった。いくら彼が弁明をしても、それが受け入れられる可能性はほとんどなかった。しかも、井上のような愛弟子からも批判を受け、教祖としての立場はなかった。そうである以上、麻原には現実逃避するしかなかった。一般には、そのように考えられている。

だが、それにしても、彼の態度は理解に苦しむ。教祖としての威厳を保ち続けようとするのであれば、法廷ではっきりと無罪を主張するなり、無差別殺人に至った動機を明確にするなりした方が、残された信者たちにメッセージを送ることができる。また、法廷の外には、そうした見解を彼が述べることを期待している人々もいたのだから、なおさらである。

にもかかわらず、彼は、醜悪な態度をとり続けた。あるいはそれこそが、彼が初公判で述べた聖無頓着の意識に通じるものなのかもしれない。自分は裁判がどうなるかにはいっさい関心がないということを、予想外の態度をとることによって示そうとしたとも考えられる。実際、信者たちのなかには、偉大なグルである麻原のこころのなかは、到底自分たちには窺い知れないものであり、麻原の真意はいつか明らかになるだろうとして、グルに対する信を失わなかった者たちもいた。麻原は、信者たちのそうした心性を見越して、意図的に法廷を無視するような態度をとったのかもしれない。

もう一つ、可能性として考えられるのが、薬物の影響である。オウム真理教では、ＬＳＤを独自に製造するなど、宗教的な儀式と称して薬物が使用されていた。麻原は、教団の草創期には、説法のなかで、薬物の使用を明確に否定していたものの、弟子に勧められると、それを使用し、強い快感を味わった。そこから、信者たちにもくり返し薬物を使用させている。あるいは、麻原は薬物中毒の状態に陥り、そこから奇怪な態度をとるようになったのかもしれない。

宗教法人法改正と池田大作の国会証人喚問

オウム真理教の事件は、宗教とは恐ろしいものであるというイメージを広める結果ともなり、宗教法人を所轄している文部省（当時）に対しては、二度とそのような事件が起こらないよう、防止策を講じるべきだという世論が形成された。そこから、宗教法人法の改正の論議が生まれていく。

そもそも宗教法人は、宗教活動を展開するための核になる宗教施設を有している団体が、実際に宗教活動を行っている場合に、所轄官庁に届け出て、宗教法人として認証される仕組みになっている。

問題は、認証という部分で、それは認可とは違う。学校法人などは、詳細な設置基準が定められていて、それに合致しているものだけが認可される。ところが、宗教法人の場合には、そうした基準は存在せず、宗教団体が本尊を祀るための場所を所有していて、一定の活動実績があれば、所轄官庁は認証しなければならなくなっている。

したがって、宗教法人を所轄する文部省の宗務課にしても、都道府県の学事課にしても、小規模な組織にすぎず、宗教法人の活動を監視することなど不可能である。それでも、オウム真理教のようなテロ事件を起こす宗教法人が出現した以上、法律的にも何らかの処置を講じざるを得なかった。

そこから、平成7年の段階で、宗教法人法の改正が国会で論議されるようになる。年末には改正案が成立し、平成8年9月15日から改正宗教法人法が施行された。

国会での改正論議は、最初、オウム真理教をもっぱら対象としたものであった。ところが、途中から、議論は創価学会対策へと移行していった。平成7年7月の第17回参議院議員選挙では、公明党も参加した新進党が躍進し、比例区と選挙区あわせて40議席を獲得した。この新進党の勝利に創価学会の果たした役割は大きく、それが自民党の警戒感に結びついた。

自民党は、政教分離基本法を制定する必要性を訴え、池田大作創価学会名誉会長の国会証人喚問を要求した。旧公明党の新進党議員が猛反発したためもあって、池田の喚問は実現しなかった。それでも、当時の会長の秋谷栄之助《あきやえいのすけ》が参考人として国会に招致され、証言を行っている。これに対して、創価学会の側は、旧公明党の議員たちは池田を本当に守ろうとしていないのではないかとして不信感を募らせた。

改正された宗教法人法では、複数の都道府県にまたがって活動する宗教法人については、所轄が都道府県から文部省に変更された。それまで、創価学会は東京都が所轄していたが、この法の改正で文部省の所轄になった。

また、収支決算書を作成して、それを事務所に備え、また財産目録に記載されていない境内建物についても、その書類を事務所に備えることが義務づけられた。そして、そうした書類については、「信者その他の利害関係人」で、「正当な利益を有する者」については、閲覧請求権が認められることになった。誰もが、宗教法人の財政について知ることができるようになったわけではないが、透明性を確保する方向に向かって改正がなされたのである。

この宗教法人法の改正については、創価学会はもちろん、他の宗教教団も強く反発した。なかには、PL教団のように、役員名簿や財産目録の書類提出に応じず、覚悟して過料をとられるようなところも生まれた。PL教団の場合には、ひとのみち教団と称していた戦前に不敬罪などで弾圧を受けており、国家による規制に対して強く反発したのだった。

この宗教法人法改正によって、オウム真理教が引き起こしたような事件の再発が防止されるようになるとはとても思えない。ただ、自民党のなかには、創価学会の集票能力に対する強い警戒感があり、それをなんとか規制しようとしたことになる。だが、政治をめぐる状況に変化が見られると、自民党はむしろ創価学会の集票能力を利用しようとする方向に転じていく。それは、2年後に表面化し、3年後の公明党の連立政権入りに結びついていくことになる。

裁判で認められたエホバの証人の主張

その一方で、この年には、宗教に対する規制とは反対の動きも生まれている。3月8日、最高裁の第二小法廷は、信仰上の理由で剣道の履修を拒否した高等専門学校の生徒たちを、代替処置を講じることなく退学に処したことを違法とする判決を下した。

その生徒たちは、エホバの証人の信者で、一審では違法の訴えが棄却されたものの、二審では逆転判決が出て、それが最高裁で認められた。

アメリカで生まれたキリスト教系の新宗教であるエホバの証人は、ものみの塔聖書冊子協会というのが正式の名称で、各家庭を訪問して、聖書の教えを広めようとすることを特徴としている。

ただし、エホバの証人の聖書についての解釈は独特で、終末論を強調するとともに、輸血という行為は、聖書で禁じられた血を食べる行為にあたるとし、手術の際には輸血を拒否する。昭和60年には、川崎市で交通事故にあった小学5年生の男児に対して、エホバの証人の信者だった両親が輸血を拒否し、それで男児が死亡したことから、大きな話題になった。

その後も、同種の出来事は日本の社会で起こっており、医学界では、その対応に苦慮してきた。

また、エホバの証人では、神は人間が戦うことを望んでいないとし、兵役拒否を行ってきた。現在の日本では、そもそも兵役自体が存在しないため、兵役拒否の問題は生じないが、戦前に日本のエホバの証人の前身となった灯台社の明石順三は信仰にもとづいて兵役を拒否し、特高警察に逮捕されている。

剣道などの武道の履修を拒否するのも、この兵役拒否の考え方の延長線上に位置するものである。これにかんしては、輸血拒否とは異なり、代替処置を講じればいいわけで、問題の解決はそれほど難しくない。この年の最高裁の判断によって、エホバの証人の子弟が武道の履修を拒否しても、学校はそれを受け入れざるを得なくなったのである。

平成9年(1997年) 破防法の棄却と酒鬼薔薇事件

賛否両論となった公安審査委員会の判断

1月31日、公安審査委員会は、公安調査庁長官が請求していた、破防法(破壊活動防止法)にもとづくオウム真理教の解散指定の請求を棄却する決定を下した。

もともと破防法は、共産主義を信奉し、暴力によって革命を成し遂げようとする左翼の革命集団への適用を想定して制定されたものであった。その点で、オウム真理教のような宗教団体に適用することには、そもそも無理があった。しかし、宗教団体によるテロを防止するための法律はなく、そこで破防法が持ち出された。

オウム真理教は、さまざまな事件を引き起こしたが、そのなかで、破防法を適用しなければならないほど凶悪で、国家の転覆に結びつくような危険な犯罪は、サリンの大量生成計画と松本・地下鉄の両サリン事件である。公安審査委員会の議論では、果たしてオウム真理教が、これからも同種の事件を引き起こす危険性があるかどうかが焦点になった。

巨大プラントを作り上げ、そこで大量のサリンを生成するには、土地の購入を含め、多額の資金が必要である。サリン事件を起こすまでのオウム真理教は、多額の資金を有し、それを第7サティアンの建設などに投入することができた。

ところが、事件後の教団は、解散を命じられ、宗教法人格を奪われた上、破産を宣告されている。そのために、多額の資金を集めることができない。上九一色村の諸施設も没収され、教団はそれを使用することはできない。そうした点で、公安審査委員会は、オウム真理教が、将来においてサリンを生成し、それを使用することで、無差別殺人を実行することはないと判断した。

ただ、教祖である麻原彰晃が命じれば、信者が不法行為に及ぶ可能性はあるとされた。しかし、麻原は東京拘置所に勾留されており、彼が違法行為を指示することはできない。それも、教団が将来において暴力行為を実行することに向かう「明らかなおそれ」がないことを意味する。その点も、公安審査委員会がオウム真理教に対する破防法の適用を回避した理由だった。

たしかに、破防法を適用することは、最終的な手段であり、憲法で保障された結社の自由などの基本的人権を侵害する可能性があった。その点で、公安審査委員会の判断に対しては、賛否両論さまざまな議論が巻き起こった。

もちろん、破防法は暴力主義に訴える共産主義者への適用を前提に制定されたもので、それを宗教団体に適用することには無理があった。本来なら、日本の政府や議会は、オウム真理教が起こした事件を国家に対するテロとして認め、その上で、いかにしてテロがくり返されないか、その対策を立てるべきだった。その際には、破防法ではなく、テロ対策にかかわる新たな法律の整備も必要だった。その努力を惜しんだことで、問題は未解決のままになり、後に新たな法律の制定を必要とすることになっていく。

オウム真理教が宗教法人格を奪われ、破産管財人からオウム真理教という名称の使用を禁じられてからも、残った信者たちは集団生活を続け、教団はアレフとして存続した。実際、平成11年になるとオウム真理教の復活が報道されるようになり、ふたたびこの教団に対してどういう対策を講じるかが議論されるようになる。その時点では、教団の将来における危険性を否定した公安調査委員会の判断が果たして正しいものであったのかについて、疑いの目が向けられることになる。

私は、地下鉄サリン事件から2周年になる3月20日、『宗教の時代とは何だったのか』という本を講談社から刊行した。この本は、オウム真理教が引き起こした事件について分析を加えたもので、私がかつて在籍したヤマギシ会での体験をもとに、共同生活を送る閉鎖的な集団のなかで、どういったメカニズムが働いていくのかを明らかにしようとした。

ヤマギシ会は、昭和60年代に入ってから、大きく発展し、ユニークで大規模な農業産業として各方面から注目されるようになっていた。ところが、オウム真理教の事件が起こり、ヤマギシ会も共同体を組織していたことから、危険なカルトではないのかという疑惑がもち上がり、脱会者などから厳しい批判を受けるようになっていた。この経緯については、次の平成10年の項目で述べることになる。

私としては、オウム真理教の問題について論じた本を出すことで、この問題にケリをつけようとした。しかし、後から振り返ってみれば、本に取り組む姿勢が消極的だった分、分析が十分でなかったことは明らかで、やがて改めてオウム真理教の事件について分析する必要に迫られていくことになる。

私の本が出たのと同じ日、同じ出版社からは、村上春樹の『アンダーグラウンド』が刊行された。これは、地下鉄サリン事件の被害者に取材した大部の著作で、人気作家がこの問題に関心をもって、取材活動を行ったことで注目された。

私は、この本が刊行される前の時点で、村上がオウム真理教の問題についてノンフィクションを書いているという情報は得ていた。最初、なぜ村上がオウム真理教の問題に関心をもったのかは分からなかったし、ノンフィクションというのも内容が想像できなかった。

しかし、刊行された『アンダーグラウンド』の巻末に載せられた文章を読んでみると、村上が、テロの被害者だけではなく、オウム真理教そのものに対して強い関心を抱いていることが理解できた。そして彼は、それまでとは異なり、社会への関心を示す必要があると語っていたのだった。

法の華三法行の不法な資金集め

公安審査委員会が、オウム真理教に対する破防法の適用を見送ったのと同じ日、法の華三法行という宗教の元信者155人が、詐欺的な商法の被害を受けたとして、およそ6億円の損害賠償を教団とその教祖である福永法源《ふくながほうげん》に求める訴訟を提訴した。

法の華三法行は、昭和55年に設立され、昭和62年に宗教法人としての認証を受けていた。教祖の福永は、山口県宇部市に生まれ、会社を退職後、死を決意したとき、天の声を聞いたとしていた。彼はそれを「天声」と呼び、その天声にもとづいて予言を行い、宗教的なメッセージを発信していた。

ただし、法の華三法行の研修は、街頭で参加者に「最高ですか」といった教団独特のことばを叫ばせるもので、一般の市民には奇異な感覚を抱かせるものであった。一番問題になったのは、多額の費用をとる「足裏診断」で、平成8年の段階から、各地でトラブルが起こっていた。それが、集団訴訟に結びついたのである。

ヤマギシ会が批判を受けたのもそうだが、オウム真理教の事件が起こってから、外部からはその全貌が窺えない閉鎖的な宗教集団に対しては、世間の目は一段と厳しくなっていた。そうしたなかで、法の華三法行のように、根拠の曖昧な方法を用いて、それで多額の金をとるやり方は、社会的に通用しないものになっていた。

たとえば、この年の9月18日には、最高裁が、統一教会が信者への献金勧誘行為において不正行為を働いたとして、教団の使用者責任を認め、3760万円の賠償金を支払うことを認める判決を下している。

昭和60年代に入ってからのバブル経済の時代には、金余りという事態が生まれ、新宗教の各教団にも、信者からかなりの額の献金があった。そうした状況のなかで、教団によっては、かなり強引な手段を使って金集めをしたところがあった。

ところが、平成9年の段階になると、バブル経済崩壊の影響が本格化し、日本経済はどん底を経験することになる。山一證券が廃業したのはこの年のことである。そうした状況では、宗教も金集めに苦労するようになり、規模の大きくなった組織の維持運営や教祖などが豪奢な生活を送るために多額の資金を必要とするような教団は、不法な行為によって献金を集めなければならない状況におかれていく。法の華三法行にまつわる出来事は、まさにその象徴だった。

酒鬼薔薇聖斗のバモイドオキ神

この年起こった出来事としてもっとも衝撃的だったのは、神戸の連続児童殺傷事件だった。2月10日には、路上で小学生の女児二人がハンマーで殴られ、一人が重傷を負った。3月16日には、公園で小学生の女児が殴られ、病院に運ばれたものの11日後に死亡している。もう一人も腹を小刀で刺され怪我を負った。

そして、5月27日の早朝には、中学校の正門前で、行方不明になっていた小学6年生の男児の首の部分が発見され、警察に対する挑戦状とも受け取れる内容の犯行声明文がその口にくわえさせられていた。

犯人は、「酒鬼薔薇聖斗《さかきばらせいと》」と称していたが、その文面が大人びた内容のものだったために、誰も中学生の犯行とは考えなかった。しかし、6月28日に逮捕されたのは、14歳の少年だった。

この事件は、犯行内容の残虐さと、その犯人が中学生の少年だったことで、社会に大きな衝撃を与えた。ここで注目されるのは、少年が書きつけていたメモに、宗教的な内容が盛り込まれていた点である。

たとえば、公園で二人の女児を襲った日の「愛する『バモイドオキ神』様へ」ではじまるメモには、「今日人間の壊れやすさを確かめるための『聖なる実験』をしました」と記されていた。ここで言われる「壊れやすさ」とは、肉体的なもので、ハンマーなどで殴ったとき、どうなるかを確かめたかったというのである。なお、このバモイドオキ神ということばは、「バイオモドキ」という単語を並べ換えたものではないかと指摘されている。

さらに、小学校6年の男児を殺害する半年前のメモは、やはり「愛する『バモイドオキ神』様へ」ではじまっていて、「ぼくはいま14歳です。そろそろ聖名をいただくための聖なる儀式『アングリ』を行う決意をしなくてはなりません」と記されていた。

この文章からは、少年が殺害という行為を宗教的な儀式になぞらえていたことが分かるが、問題は「アングリ」ということばだった。

アングリから連想されるのが、「アングリマーラ」である。アングリマーラとは、サンスクリット語のAngulimālaのことで、「央掘魔羅」と音写される。アングリマーラは、古代インドのコーサラ国シラーヴァスティー（舎衛城《しゃえいじょう》）の出身で、多くの人々を殺した残虐な賊であったが、釈迦に会って教化され、出家している。

実は、アングリマーラは、オウムの幹部で、坂本弁護士一家殺害事件に関与したとして死刑判決を受けた岡崎一明のホーリー・ネームでもあった。岡崎は、坂本弁護士一家を殺害する前には、信者のリンチ殺害事件にも関与していた。岡崎は、アングリマーラと名付けられたがゆえに、殺害をくり返すというアングリマーラのたどった道を歩んでしまったように見える。

神戸の少年の言う「聖名」とは、まさにホーリー・ネームのことである。少年が、聖名やアングリということばをどうやって知ったかは分からない。しかしそこには、オウム真理教やこの教団が引き起こした事件の影響があったように思えてならない。

少年が住み、犯行を重ねた町には、神戸製鋼の社宅があった。その神戸製鋼につとめていたのが、オウム真理教の最高幹部、村井秀夫であった。サラリーマン時代の村井は、あるいはこの社宅に住んでいたのではないだろうか。はっきりした証拠はないが、村井と少年とは極めて近い場所で生活していたようにも思えるのである。

地下鉄サリン事件が起こった後、マスメディアはオウム真理教についての報道一色に塗りつぶされた。それは、異常な事態だった。そうした環境にさらされた子どもたちは、そこからどういった影響を受けたのだろうか。その点についてはまったく検証されていない。

そして、酒鬼薔薇聖斗という存在は、同世代の英雄となり、彼の行為を模倣するかのような人間を生んでいく。神戸の事件の3年後、17歳の少年が佐賀でバスジャックし、乗客1人を刺殺したが、彼は酒鬼薔薇聖斗を尊敬していた。さらに平成20年に秋葉原の歩行者天国で無差別に7人を殺害した犯人も、彼らと同世代の25歳の青年だったのである。

平成10年（1998年）戒名批判とヤマギシ会批判

公明党の復党と大石寺正本堂解体

時代が昭和から平成に変わったとき、日本はバブル経済のまっただなかにあった。その後、平成に入ってすぐにバブルは崩壊し、日本には不況が訪れる。そして、平成9年から不況は深刻化し、日本経済の先行きに対する強い不安が生まれていく。

実際、この年の10月には日本長期信用銀行が、12月には日本債券信用銀行が破綻する。7月には、第18回の参議院議員選挙が行われるが、この選挙で自民党は過半数をはるかに割り込み、その責任をとって橋本龍太郎は首相の座をおりる。不況の深刻化と、自民党の凋落《ちょうらく》とは決して無関係ではない。代わって首相の座を射止めたのは、「平成おじさん」として人気を博した小渕恵三であった。小渕首相は、悲劇的な最期を迎えることになるが、ユーモアの感覚があり、意外に国民の人気は高かった。

前年の暮れには、新進党が解党し、新たな政党の再編が起こっていた。旧公明党の議員は、新党平和に結集し、新進党に参加しなかった公明と連携していた。これで実質的に、公明党が復活したことになる。自民党は、この復活した公明党との連携を早い段階から模索していた。

選挙前の3月14日、それまでは公明党と創価学会を政教一致だと批判していた自民党の加藤《かとう》紘一《こういち》幹事長は、公明党の平和政策や福祉政策を評価し、宗教色の強い政党が政治に関与することを容認する発言を行った。そして、機関誌の『自由新報』で、池田大作名誉会長のスキャンダル記事を掲載してきたことについて、自民党は謝罪した。

5月13日には、公明党・創価学会批判の先頭に立ってきた四月会の総会が開かれたが、それまで毎年出席してきた加藤幹事長は、欠席した。そして、11月7日には、新党平和に結集していた旧公明党の議員は、公明と合流し、ふたたび公明党が組織される。4年にわたって消滅していた公明党が復活したのである。

夏の参議院議員選挙で、自民党が過半数を割り込んだことは、公明党の存在価値を一気に高める方向に作用した。自民党は、すでに従来の方針を改め、公明党との関係強化に乗り出していたわけだが、その動きをさらに加速させていく。それが翌年の公明党の連立政権入りに結びついていく。

創価学会の方は、平成の時代に入ってから、日蓮正宗と決別する方向を選択したわけだが、それ以降、二つの教団は敵対関係に陥り、そこに変化は見られなかった。両者が歩み寄る兆候はまったく見られず、この年の4月5日に、日蓮正宗の総本山大石寺では、主に創価学会の寄進で建てられた正本堂から御本尊を、新築された奉安殿に移す儀式が執り行われた。正本堂の方は、5月から解体されることになる。

高額戒名料への高まる批判

すでに平成2年の項目で述べたが、創価学会が日蓮正宗と決別したことで、その副産物として、戒名を授からない友人葬という形態が生まれた。それは、たんに創価学会だけの問題ではなく、仏式の葬儀のあり方全般にも関係する問題であった。

戒名にかんしては、とくにバブル経済の時代に、戒名料が高騰し、それに疑問や不満を抱く檀家が増加していた。しかし、仏教界は、そうした批判に対して真摯に対応することなく、問題を放置していた。それでも、この年の10月7日には、全国の各宗派の寺院が結集している全日本仏教会（全日仏）の理事会が、「戒名（法名）問題に関する研究会」の設置を承認している。多くの宗派では戒名と言われるが、浄土真宗などでは、法名と呼んでいる。

全日仏が重い腰をあげた背景には、その前年の6月21日付『朝日新聞』に掲載された宗教学者の山折哲雄《やまおりてつお》と浄土宗の宗務総長でもあった作家の寺内大吉による戒名をめぐっての対談での、寺内の発言があった。

寺内は、東京の世田谷区にある大吉寺の住職でもあったが、対談のなかで、戒名料の存在を認めた上、その額を決める基準などについても発言したことから、宗派のなかの一部の僧侶の反発を招いた。寺内の発言は、人間の尊卑を社会的な功績や寿命で判断し、戒名を金で買わせる死後の勲章のような印象を与えるというのである。

寺内は、戒名をめぐって現実に行われていることをそのまま述べただけだが、それは、戒名をあくまで仏教徒になった証としてとらえ、戒名を授かるときに壇家が支払う金を、自発的な意志にもとづく布施としてとらえようとする仏教界の建て前に反するものと受け取られたのだった。

全日仏の研究会では、討議を進め、平成12年には報告書をまとめている。そこでは、戒名に対する批判は主に都市部で起こっていて、その背景には葬儀の商業化と現代社会の経済至上主義があると分析され、一部に高額な戒名料を要求する僧侶が実在することを認めた。ただ、具体的な対策として提起されたのは、今後は誤解を招きやすい戒名料という名称を使わないことと、パンフレットを作成して戒名の本来の意味を伝える努力を行うというものにすぎなかった。

戒名に対する批判が起こった背景には、全日仏の研究会が分析した以上の社会の変化と、それにともなう葬儀の変容がかかわっていた。従来の葬儀のやり方は、家中心で、先祖供養を核としていた。ところが、核家族化の進行は、先祖供養の意義を失わせた。従来の葬儀のやり方にしても、現状にそぐわないものになろうとしていた。

だからこそ、創価学会が僧侶も呼ばず、戒名も授からない友人葬に踏み切ることができたのだが、全日仏はその点を認識できていなかった。平成3年に開始された散骨、自然葬を含め、平成に入って、伝統的な葬送習俗には急速に大きな変化が訪れようとしていた。その変化は、日本人の宗教観に根本的な変化をもたらすような極めて重要な出来事だったが、新宗教に比較して、既成仏教は、その変化に十分に対応しきれていなかったのである。

団塊の世代のユートピア

前年の項目でヤマギシ会のことについてふれたが、ヤマギシ会が発足したのは、昭和28年のことだった。これは、私が生まれた年でもあるが、最初は、山岸巳代蔵《やまぎしみよぞう》という人物が考案した「山岸式養鶏法」を普及させることが目的であった。

ところが、山岸という人物は、若い頃に社会主義の運動にかかわった経験があり、社会を変革し、理想社会を建設するということに夢を抱いていた。そのため、ヤマギシ会の運動はしだいに理想社会建設のための社会運動としての性格をもつようになる。昭和33年には、三重県の伊賀町にはじめてヤマギシ会の共同体が誕生する。

ところが、翌昭和34年に、不法監禁の容疑でヤマギシ会は強制捜査を受けた。これは「ヤマギシ会事件」として大々的に報道される。これによって、ヤマギシ会は大きなダメージを受け、運動は沈滞化する。ただし、学生運動の時代になって、運動に挫折した学生たちが、ヤマギシ会の研修会である特講（特別講習研鑽《けんさん》会）に参加し、社会を変革するには、まず個人のこころを変える必要があることに気づき、ヤマギシ会に入っていったことから、ふたたび注目を集めるようになる。

昭和48年からは、ヤマギシ会の共同体で生産した卵や鶏肉などの食品を消費者に直接販売するルートが開拓された。それが、安全な食品を求める消費者のニーズに合致したため、ヤマギシ会が生産する食品の生産量は順調に増え続けた。平成に入ると、年間の売上高は２４０億円にも達する。

そうした状況のなかで、ヤマギシ会そのものに対する関心も高まった。数多くの人間が、財産をすべて処分して共同体に参加するようになる。最盛期で、メンバーの数は５０００人を超えた。これは、共同体の規模としては世界一だった。共同体としては、イスラエルのキブツが名高いが、ヤマギシ会ほど規模の大きなものは存在しない。

注目されるのは、ヤマギシ会に参加してくる人間の世代的な特徴だった。ヤマギシ会が大きく発展するバブル経済からその崩壊直後の時代、家族ぐるみで参加してきたのは、主に「団塊の世代」の人間たちだった。実は、学生運動の時代にも、この同じ世代がヤマギシ会に入ってきたわけで、ヤマギシ会の共同体は「団塊の世代のユートピア」でもあった。

ところが、組織の急速な拡大は、さまざまな点でひずみを生むことになる。平成3年の夏には、特講の参加者が連れてきた2歳の女児がバスのなかに放置され、死亡するという事故が起こる。

また、一度は共同体に参加してきたものの、そのあり方に失望し、共同体を抜けていくような人間も現れるようになる。そうした脱会者は、手記などを発表し、ヤマギシ会の批判をはじめた。バブルの時代に参加してきた人間は、すでに社会経験が豊富で、一般社会とはその仕組みが大きく異なるヤマギシ会の生活に馴染めなかった。しかも、彼らは、自宅を処分するなどして、多額の金を出資して、ヤマギシ会に入ってきていたため、脱会してからは財産の返還を要求して、訴訟に踏み切った。

こうした動きを背景に、マスメディアもヤマギシ会を批判的に報道するようになる。そこに、オウム真理教の事件が起こる。ヤマギシ会も、会員が一般の社会を捨て共同生活を送っている点でオウム真理教と共通したところをもっていた。そのため、余計に社会の警戒感は強まった。

ヤマギシ会に対する批判が決定的なものになるのは、子どもの問題をめぐってだった。ヤマギシ会の共同体では、子どもは早い段階で親から引き離され、専門の係が育てる仕組みになっていた。これによって、親の方は育児から解放され、仕事に打ち込むことができた。

ただし、新しく参加してきた家族の子どもの場合、必ずしも本人はヤマギシ会に来ることに納得していないことが少なくなかった。親の方は、特講を受けて、ヤマギシ会の考えに共鳴するようになっていても、子どもにはその機会がなく、親がヤマギシ会に行くので、仕方なくついていくという状況だった。

ところが、ヤマギシ会の共同体の生活は、一般の社会での生活とはまるで違った。1日2食である上、農作業などの労働が待っていた。しかも、テレビゲームなどは制限され、子どもにしてみれば、自由をすっかり奪われたような状態だった。

当然、そうした生活に不満を覚えた子どもたちは、係の言うことに従わず、それに逆らった。そこで、係のなかには暴力によって従わせようとする人間が現れ、それが虐待に発展した。その事実が明らかになることで、ヤマギシ会に対する批判はいっそう強まっていく。

ヤマギシ会の側には、子どもたちが一般の学校に行くから、自分たちの考えにしたがって、子どもたちを育てることができないという思いがあり、この年の4月30日には、独自の学校、「学校法人やまぎし学園」の設立を申請する。しかし、これがかえって反対派の批判を強めることになっていく。

ヤマギシ会では、無所有の制度をとり、メンバーは財産も、給与も、休日もないにもかかわらず、勤勉に朝から晩まで働いていた。その働きがあったからこそ、ヤマギシ会は急速に発展していくことができたわけだが、その組織のあり方が一般の社会とあまりに隔たっていたことが問題を拡大する原因となった。

ヤマギシ会の共同体では、地位の上下はいっさい存在しない。そうなると、責任の所在も曖昧なものになっていく。そもそも、ヤマギシ会では、責任という観念自体がなく、起こってしまったことはそのまま事実として受け止めるしかなく、それについて後悔したり、反省したりするのは意味がないという考え方をとっていた。それは、共同体の内部で通用しても、外部には通じない考え方だった。

翌平成11年1月、ヤマギシ会の中心的な共同体である「豊里実顕地《とよさとじっけんち》」が存在する三重県の当局は、アンケート調査をもとに、ヤマギシ会で児童生徒に対する虐待が行われていたと発表した。このことは国会でも取り上げられ、6月30日には、ヤマギシ会は学校法人の申請を取り下げる。そして、11月25日には、学生運動上がりの団塊の世代のメンバーの精神的な指導者であった杉本利治《すぎもととしはる》という人物が死亡する。

杉本は、活動の表に出ることはほとんどなかったが、その考え方はメンバーに強い影響を与えていた。病死と発表されたものの、杉本の打ち立てた方針が崩れ去ろうとしていた時期の死であったため、自殺説も唱えられたのだった。

この年、もう一人自殺説が流れたのが、直木賞作家の景山民夫だった。1月26日深夜、自宅の書斎で趣味のプラモデルを制作していたところ、たばこの火が溶剤に引火し、火事が起こって死亡した。享年50歳だった。

死因は一酸化炭素中毒と伝えられたが、突然の死だっただけに自殺説が流れた。妻が葬儀の際に「景山、バカヤロー。寂しいじゃねえか」と挨拶したことでも話題になった。

平成3年の項目で述べたように、景山は幸福の科学の熱心な信者で、『私は如何にして幸福の科学の正会員となったか』という本も書き、講談社への抗議活動ではその先頭に立った。かつてはテレビのバラエティー番組の構成を手がけ、自身『オレたちひょうきん族』でロス疑惑の三浦和義をカリカチュアした人物として登場したこともあった。

私は景山とテレビや大学の学園祭で激論を戦わせたこともあったが、彼のような形で一つの宗教に深く傾倒し、公然と信者として活動した著名人は珍しかった。いったい何が彼をそこまで駆り立てたのか、今は永遠に謎になってしまった。

平成11年（1999年）オウムの復活とライフスペース

ノストラダムスの大予言とオウムの激安パソコン・ソフト販売

1999年という年は、その年が実際に来るまで、特別な意味をもっていた。

というのも、日本がオイル・ショックに見舞われた昭和48年、五島勉の『ノストラダムスの大予言』がベストセラーになり、1999年に世界に終わりがもたらされるというフランスの予言者、ノストラダムスの予言が広く信じられてきたからである。

とくに、オイル・ショックの年に、まだ子どもだった世代のなかには、この予言を信じてしまった者が少なくない。さくらももこの漫画『ちびまる子ちゃん』は、昭和48年前後を物語の舞台に設定しており、子どもたちがこの予言を信じてしまうエピソードが描かれている。1999年に世界が終わるなら、勉強してもしかたがないと言い出す子どもが出てくる。

しかし、1999年に世界は滅亡しなかった。

日本では光市母子殺害事件、池袋通り魔事件、下関通り魔事件、桶川ストーカー事件が起こり、アメリカでもコロンバイン高校銃乱射事件が起こった。それは、人々の記憶に残る凶悪事件として、世紀末ということばに実感を与えた。だが、世の終わりに結びつくような大凶事は起こらなかった。

オイル・ショック後に台頭した新新宗教は、ことごとくこのノストラダムスの予言の影響を受けていた。オウム真理教も、その例外ではなく、フランスにわたってノストラダムスの原本を調査するなど、世界の終わりの予言には並々ならぬ関心を寄せていた。

その点では、1999年が無事に過ぎようとしていたことは、彼らの信仰の拠りどころを失わせるものであったはずである。ところが、逆にこの年、オウム真理教の復活が伝えられ、それをめぐってさまざまな動きが生まれることとなった。

そのきっかけを与えたのが、2月に公安調査庁が発表した「オウム真理教の組織実態の概要趣旨」というレポートだった。このレポートでは、オウム真理教が秋葉原での激安パソコンの販売で経済基盤を固め、大規模な活動拠点の確保を画策して各地で地元住民ともめており、一方で、麻原を絶対視する姿勢を崩さず、終末思想を活発に喧伝しているという指摘がなされていた。

これを裏づけるように、ゴールデンウィークには、オウム真理教の信者が原宿でパフォーマンスを行い、それがテレビなどで頻繁に取り上げられた。そこから、無差別テロを引き起こした教団が、任意の宗教団体に形を変えたとはいえ、そのまま存続していることを放置しておいていいのかという議論が生まれ、それは教団を規制する法律の制定へと発展していく。

これは当時も言われていたことだが、この時期、オウム真理教の復活は過度に強調されていたところがある。法律制定へ向けての公安調査庁側のシナリオに沿った動きではなかったかという疑惑は消えない。

ただし、無差別テロを敢行した集団が、宗教法人格を奪われ、破産宣告を受けたものの、実質的にそのまま存続を許されていることは、社会にとって放置できない事態だった。

9月29日には、警視庁公安部と長野県警が、長野県内の教団施設に監禁の容疑で強制捜査に入り、施設の責任者だった信者などを逮捕した。ただ、この事件は、その1年半前に起きたものので、警察は時期を選んだものと考えられる。それでも、その日の夜、教団は記者会見を行い、活動の休眠を宣言している。

団体規制法でのオウム観察処分と上祐の出所

それに符合するように、その1週間前の9月22日、豊田亨《とよたとおる》と杉本繁郎《すぎもとしげろう》の裁判に出廷した麻原彰晃は、それまで拒否していた証人宣誓に応じ、自らの事件への関与は否定したものの、弟子が直接事件に関与したことを認めた。地下鉄サリン事件については、井上嘉浩が関与していたとし、自分は事件後にも報告も受けておらず、無罪だと主張した。

麻原は、すでに平成8年の項目でふれたように、法廷において予想外な態度を示し、誠実な対応をしてこなかった。罪状認否さえ行ってこなかった。その点で、この日の証言とその姿勢は異例なものと映った。教団が危機的な事態に立ち至っているなかで、自らの無罪を主張したことは、彼には正常な判断力があり、法廷での理解不能な態度が実は演技である可能性を示唆するものであった。このことは、後にさらに大きな問題に発展する。

教団の方は、休眠宣言の翌日、足立区の本部施設から退去し、対外的な宗教活動を全面的に休止する。破産管財人から使用禁止を宣告されていたオウム真理教の名称使用もやめる。12月1日には、教団関係者が一部事件にかかわっていたことを認め、被害者と国民に謝罪し、被害者に補償を行う意志を表明した。

それまで、教団は事件への関与そのものを認めていなかった。ところが、教団の活動を規制する「団体規制法」制定の動きが本格化したことで、関与を認めざるを得なくなる。それでも、団体規制法は制定され、12月27日には、公安調査庁長官が教団への観察処分適用を申請した。

団体規制法は、過去にサリンなどを用いて無差別殺人を敢行した団体に適用されるもので、もっぱらオウム真理教を対象とした法律だった。規制の対象となる団体には、観察処分と再発防止処分を下すことができる。観察処分を受けた団体は、警察と公安調査庁の観察下におかれ、団体の現状について定期的に報告しなければならない上に、何か問題があれば、立ち入り検査を受けることになった。さらにそこで問題が起これば、再発防止処分が下され、より厳しい規制をかけられることになる。

年が明けて、平成12年1月31日に、かつて破防法の適用を見送った公安審査委員会は、オウム真理教に対して3年間の観察処分を下し、これは今日まで継続されている。

それに先立って、平成11年の年末には、上祐史浩が懲役3年の刑を終えて出所し、教団の先頭に立って改革を推し進めるようになる。当初の上祐の方針は、警察や公安調査庁の意向に沿うものであり、彼が出所した時期にも大きな意味があった。

私は、オウム真理教の復活が喧伝されるなかで、結局のところ、彼らが引き起こした事件の原因についての究明は十分に行われてこなかったという感覚を強く抱くようになっていた。

そこで、平成10年の終わり頃からは、周囲で関心を共有する人間たちとともに、オウム真理教についての研究会を立ち上げ、事件の原因について考える作業をはじめていた。そして、平成11年に入ると、本の執筆を考えるようになり、実際に執筆をはじめる。それが、2年後に刊行されることになる『オウム　なぜ宗教はテロリズムを生んだのか』（トランスビュー）であった。

私は、平成11年のはじめから本が刊行されるまでの間、麻原が教団の創立以来行ってきた膨大な説法すべてに目を通し、他の資料にもあたりながら、執筆の作業に没頭した。その時期、ほかにはほとんど仕事をしなかった。

一時は出版社がオウムの問題を扱った大部の書物を刊行することに難色を示し、出版が危ぶまれたこともあったが、かえって出版が遅れたことが意味をもった。というのも、『オウム』の出版直後に、世界を揺るがす大事件が勃発することになるからである。同時多発テロ、9・11の発生である。そのことについては、平成13年の項目で述べる。

ライフスペースの「定説」と遺体写真

この年、もう一つ、宗教をめぐって、社会に強い印象を残す出来事が起こる。

11月11日、成田空港近くのホテルの一室で、ミイラ化した男性の遺体が発見された。遺体は腐乱しており、死後数カ月が経過しているものと推測された。ホテルの従業員から、「宿泊客の様子がおかしい」との通報があり、成田署の警察官が遺体を発見した。ところが、遺体に付き添っていた家族は、なんと、遺体は「死んではない。治療中だ」と訴えた。これは、平成7年に福島で起こった女祈禱師の事件と似ていた。

家族は、「シャクティパット・グル・ファウンデーション（SPGF）」という宗教団体のメンバーだった。SPGFはその前身が、「ライフスペース」という自己啓（開）発セミナーの一つであることから、ライフスペースとして紹介されることが多い。しかし、その後宗教化し、事件を起こした時点では、たんなるセミナーではなく、宗教団体として活動していた。

代表の高橋弘二《たかはしこうじ》は、「シャクティパット・グル」を自称し、平成6年の項目でふれたインドの宗教家、サイババの後継者を名乗っていた。ただし、サイババの財団の日本支部は、サイババと高橋とは一切関係がないと言明していた。高橋は、1993年にサイババのもとを訪れたようだが、両者のあいだに特別な関係はなかった。

ライフスペースでは、『父と息子の絆は、看病すればすぐに、繫がる』という冊子を刊行し、そのなかには、腐乱した遺体の写真も掲載していた。そして、家族とグルとの4カ月にわたるやり取りも載せていた。事件が発覚する4カ月前の7月3日、故人の呼吸が停止すると、高橋は、「人は30分呼吸が止まって心臓が止まっていても、大丈夫なんですよ。そんなにギャーギャー騒がなくても、大丈夫です」と、死にショックを受けている家族を励ましたという。

それ以降、警察の手によって遺体が発見されるまで、家族は、遺体が生きていると信じていた。彼らは、半年遺体を放置すれば、遺体は生き返るという高橋のことばを信じていた。そして、警察が介入し、司法解剖されたことで、回復の可能性は絶たれたとし、あのままさらに2カ月放置していれば、遺体は生き返ったはずだと主張したのだった。

古代から、何らかの儀式などを施せば、死者が生き返るという信仰は存在した。日本にも、死の直後に、死者の魂を呼び戻し、生き返らせようとする「魂呼《たまよ》ばい」の風習がある。キリスト教のイエス・キリストの場合、死後3日で復活したと信じられてきた。

しかし、現代にも、そうした信仰をもつ人間が存在することは、驚きをもって受け取られた。また、遺体の写真を記録として撮り続け、それを公表する点も、常識では考えられない感覚だった。

自己啓発ということば自体は、一般的なもので、サラリーマンなどが自分の能力を高めるために、勉強したり、何らかの訓練を受けたりすることを意味する。書店のビジネス書の棚には、自己啓発のコーナーがある。

しかし、自己啓発セミナーとなると、それは主にバブルの時代に流行した比較的高額のセミナーのことをさしている。そうしたセミナーでは、参加者を煽り、ハイな状態にもっていくことを特徴としていた。セミナーの雰囲気自体がバブル的で、バブルの波に乗りたいと考えていながら、性格が消極的で波に乗り切れない若い世代に信奉者が広がった。

自己啓発セミナーが、時代の動きと強く連動していたため、バブルが崩壊すると、流行は一挙に去っていった。時代全体がハイになっていなければ、ハイな人間はすぐに浮いてしまう。

ライフスペースは、もともとは自己啓発セミナーの最大手であったライフダイナミックスから独立して生まれた集団であった。ブームが去った後、高橋はしだいに宗教的な発言をするようになり、集団も宗教教団に近づいていった。高橋は自分の特殊な教えを「定説《ていせつ》」と呼び、すべてをこの定説で説明しようとした。宗教化するなかで、高橋は、定説を信じる信者たちによって教祖に祭り上げられた。だからこそ彼の死んでいないという発言が信者に信じられたのである。

ただ、高橋の発言を信者が信じても、外部の人間にはまったく信憑性《しんぴょうせい》がない。平成12年2月には、高橋や死亡した男性の長男などが保護責任者遺棄致死などで逮捕された。高橋は殺人罪で起訴され、一審では懲役15年、二審でも7年の判決を受けた。平成17年には最高裁でその刑が確定し、現在服役している。

従来なら、高橋に殺人罪が適用されることはなかったであろう。しかし、オウム真理教の事件が起こり、警察・検察が、宗教団体の犯罪に対して厳しい態度で臨むようになったことが、刑の適用や判決にも影響するようになったのである。

政界への影響力を増す公明党=創価学会

そして、もう一つ重要なのは、10月5日に、公明党が、小渕恵三首相のもと、自民党と自由党の連立政権入りをしたことだった。すでにその流れは前年の終わりから、この年のはじめの段階で生まれていた。まだ政権に入っていない段階で、公明党は与党に協力し、ガイドライン関連法案、通信傍受法案、国旗・国家法案の成立に貢献していた。その代わりに、公明党は、平成11年度予算案に、地域振興券や児童手当、教育奨学金の拡充などを盛り込ませていた。連立与党入りしてからは、総務長官のポストを確保した。

すでに公明党は、平成5年の段階で細川政権に参加しており、与党入りははじめてのことではなかった。だが、自民党との連立はその後、10年の歳月を経ても継続されている。そして、自民党との選挙協力は効果を発揮し、公明党とその支持母体である創価学会とは、政治の世界に大きな影響力をもつまでに至ったのである。

平成12年（2000年）宗教による詐欺とカルト認定された創価学会

正当化されたアレフの存続

西暦2000年は、イエス・キリスト生誕から2000年目にあたることから（実際にはイエスは紀元前7年から4年のあいだに生誕している）、キリスト教のカトリックでは、信仰上の重要な年、「聖年」と定められている。

その西暦2000年を前に、コンピュータの「2000年問題」が世間を騒がせた。コンピュータのプログラムが、年を西暦のうちの下二桁で処理していると、2000年に00年となったとき、それを1900年と読み違え、さまざまな不具合が生じる恐れがあると言われたのだった。

実際には、プログラムを修正する作業が功を奏したのか、大きな問題は起こらず、無事に20世紀最後の年、2000年を迎えることができた。これで、1999年に世界が終わるとするノストラダムスの予言は、完全に信憑性を失うこととなった。

しかし、1999年を乗り越えても、宗教をめぐる事件や出来事は続いた。1月18日、オウム真理教は「アレフ」への改称を発表したものの、31日には団体規制法にもとづく観察処分が下され、2月4日には立ち入り検査を受けている。この時期、オウム真理教が進出した地域では、教団の排斥運動が続き、自治体は住民票の不受理や信者子弟の就学拒否といった策を講じていた。

そうした自治体の対応策は、やがて裁判所によって違法と見なされることになるが、地元としては直接的な手段を使って教団を排除できない以上、そうした手段に訴えるしかなかった。国は、団体規制法と同時に、「特別措置法」を制定した。これは任意団体として存続するアレフに、サリン事件などの被害者に対する補償を行わせようとするものだった。この仕組みが作られることで、アレフの存続は正当化されてしまった。

本来なら国は、サリンによる攻撃を国家に対するテロとして認定し、被害者に対して、補償金を支払うべきだった。そうした体制が確立されていれば、アレフに存続する余地を与えなくてもすんだ。

財政難に苦しむ国は、なんとか補償金の支払いを免れようとしたのだろう。最終的には教団による補償金の支払いが滞り、国がそれを肩代わりすることになるのだから、当初の段階から積極策で臨むべきだった。

宗教なのか、詐欺なのか

前の年の項目でも述べたように、オウム真理教の事件を経て、警察や検察の宗教に対する態度は厳しいものに変わり、2月22日には、ライフスペースの代表、高橋弘二が逮捕される。そして、5月9日には、法の華三法行の教祖である福永法源ほか11人の幹部が詐欺の疑いで逮捕されている。

法の華三法行については、平成9年の項目ですでに述べたが、宗教の教祖が詐欺罪で逮捕されるなどということは、従来なら考えられない前代未聞のことだった。

詐欺罪に問われたのは、足裏診断によって「毒素がたまっている。修行をすれば解決する」などと信者の不安を煽り、法経料の名目で多額の金銭を騙しとったとされたからだった。

福永は起訴され、平成17年には、東京地裁において詐欺罪で懲役12年（求刑は13年）の判決を言い渡される。翌年、東京高裁は一審判決を支持し、控訴棄却の判決を下している。平成20年には、最高裁も上告を棄却し、刑が確定した。

福永の側は、「人は騙していない。天声にもとづき人類の救済をしてきただけだ」と、足裏診断が宗教行為であると主張した。だが、診断にはマニュアルが用意されていたことなどから、宗教行為ではなく、詐欺と認定されたのだった。

しかし、そこには微妙で、極めて難しい問題がかかわっている。福永は、天声という神のことばを聞いたと主張しているが、これは、さまざまな教祖に見られることで、その神のことばが、果たして本当に神からのものなのか、それともたんなる教祖の思いつきなのかを判断することは不可能である。

それが神のことばであることを科学的に証明することはできない。突き詰めて考えれば、それぞれの宗教が主張している究極的な真理は、主観的なものであり、客観的な証明が不可能なものばかりなのである。

イエス・キリストは本当に復活したのか。釈迦は本当に悟ったのか。どちらも、証明することは不可能である。

逆に、詐欺を働こうとする人間は、そうした状況を悪用して、宗教の名を借り、不当な金儲けができる。

もっとも難しいのは、教祖などの宗教家の意識である。福永だって、もしかしたら自分は実際に天の声を聞いていると信じていたのかもしれない。自己暗示ということもある。最初は詐欺を働いているという意識があっても、天声を聞いたとくり返すことで、自分が自分で暗示にかかり、本当に天声を聞いているのだと思うようになることもある。

しかし、この点については、他の宗教教団から、問題の難しさを指摘するような声はあがらなかった。あるいはそれは、将来において禍根を残すことにもなりかねない。

フランスでは創価学会もカルト宗教

6月2日、フランスの国営テレビ、アンテヌ2《ドウ》は、「創価学会——21世紀のセクト」という40分間のドキュメンタリー番組を放送した。日本では、セクトと言えば、過激な政治集団のことをさすことが多いが、フランスでは、カルトのことをセクトと言う。つまり、フランスの国営放送は、創価学会をカルトとして扱った番組を放送したのである。

この番組のなかでは、入会希望者を装ったスタッフが、南フランスにある創価学会の研修施設に潜入して、隠し撮りを行ったものや、脱会者のインタビューなどが取り上げられ、創価学会の経済力や政治力の大きさが強調された。

こうした番組が制作された背景には、フランスがカルト対策に極めて熱心だということがあった。1995年（平成7年）7月には、フランスの下院にあたる国民議会に、議員30名からなる「セクト調査委員会」が設置された。

1995年と言えば、まさにオウム真理教による地下鉄サリン事件が起こった年である。その直前には、ブランチ・ダビディアンや太陽寺院による集団自殺の事件も起こっていた。そこから、フランスでもカルトに対する危機意識が高まり、それが委員会の設置に結びついたのだった。

この委員会は、翌年1月には「フランスのセクト」という報告書を作成している。これは、取りまとめにあたった議員の名前から「ギヤール報告」と呼ばれている。「ギヤール報告」では、カルトの特徴として、精神を不安定にするとか、法外な金銭的要求をするなどといった問題点が指摘され、172の団体がカルトとして指定された。

創価学会の現地組織である創価学会インタナショナル・フランスもそのなかに含まれていたわけだが、ほかにも、日本の宗教としては、幸福の科学、神慈秀明会、霊友会、崇教真光、イエス之御霊教会、生命教（どの団体をさすか不明）があげられていた。

日本では、ここにあげられたような宗教は、どれもカルトとは考えられていない。その点で、フランスの調査委員会が、しっかりとした情報にもとづいてカルトの指定を行っていたのか、かなり怪しい。だが、「ギヤール報告」をもとに、1996年（平成8年）には省庁を横断した首相直轄のカルト研究監視機構が作られ、1998年（平成10年）には「セクトと戦う省庁間本部」まで設置された。

ただ、こうした組織は必ずしも円滑には機能しなかった。政権が交代すると、組織のトップの顔ぶれも変わり、現在では、カルト指定も有名無実化している。

日本では、とくに創価学会に反対する勢力は、創価学会がフランスでカルトに指定されているということをもって、創価学会が危険な団体であることが証明されたと主張してきた。しかし、それは必ずしも実態にはそぐわない。

ただ、カルトをめぐってさまざまな事件が起こってきたことで、カルトに対する警戒感を強める結果になったことは間違いない。

死への恐怖とカルト宗教

実際、この年にも、奇妙な事件が起こっている。5月には、熊本で、女性祈禱師から指示を受けて、自分の子どもの遺体を傷つけるという事件が起こっている。

また、8月には、大阪の泉南市で、66歳の無職の男性と同居する妹の子ども5人が餓死しているのが発見されるという事件が起こる。5人は27歳から41歳の成人だった。

飽食の時代に、5人もの餓死者が発見されるということ自体が奇妙だが、世間の注目を集めたのは、事件に宗教的な背景があるのではないかと思わせるような事柄が少なくなかったからである。

庭には、何に使われるかわからない大きな穴が掘られ、家の周囲に塩が盛られたり、ニンニクや割りばしでできた十字架や鳥居《とりい》が置かれていた。

その家の家族が、自転車に乗って寺社巡りをしているところも目撃されている。餓死者の母親は、「外部との接触を絶て」という教えのようなものを語っていたと言われる。あるいは、庭の穴について、「あの穴からは必ず天然ガスが出る」とか、「世界一の金持ちになれるので、いま奉仕しなければいけない」とも語っていたという。

餓死者は集団自殺を遂げたわけではなく、生活が困窮し、それで餓死に至ったようだが、結局のところ、そこに至るまでの経緯は明確にはされなかった。

宗教は、死ということと深いかかわりをもっている。そもそも、人間が死に対する恐怖というものを抱かなければ、宗教への関心も生まれない。そして、死の恐怖を克服するために、それぞれの宗教では、死を意味づける試みがさまざまになされてきた。

その結果、死に意味があると考えられるようになれば、むしろ死ぬことに救いを求めようとする人間も生まれる。そこから、集団自殺のような行為が起こるのだが、逆に、不死が強調されることもある。ライフスペースの事件などはその極端な事例だった。この場合も、教祖である高橋が、本当に信者の父親はまだ生きていると考えていたのかどうか、難しい問題がつきまとっている。

ライフスペースの事件については、高橋が、一般からすれば荒唐無稽としか思えない事柄を「定説」と呼び、このことばに注目が集まったが、果たして高橋自身は定説を信じていたのだろうか。それは、どちらとも言えないように思えるのである。

森喜朗首相「神の国」発言は果たして宗教問題だったのか

この年、もう一つ、宗教にかかわる事柄として注目を集め、批判と論争を生んだのが、森喜朗首相による「神の国」発言だった。5月15日、森首相は、神道政治連盟国会議員懇談会の席上で、「日本の国、まさに天皇を中心としている神の国であるぞということを国民の皆さんにしっかりと承知していただく、そのために我々（神道政治連盟の国会議員のこと）が頑張ってきた」と発言した。

これが報道されると、森首相はマスコミや宗教界からいっせいに反発を受けた。創価学会・公明党も、この森首相の発言を問題にし、首相は釈明会見をせざるを得なくなる。

森首相が「神の国」発言を行った懇談会の席上には、神道関係者が列席していたわけで、リップサービスだったことは明らかである。果たして森首相が、心底、日本を天皇中心の神の国と考えていたか、かなり怪しい。

しかし、創価学会をはじめ、さまざまな宗教教団は、戦前や戦時中に弾圧を受けており、国家神道の体制を復活させるような動きに対してはとくに敏感である。森首相には、そうした点についての配慮がまったく欠けていた。しかも、公明党とは前年から連立政権を組んでいるのだ。

森政権が1年強の短命に終わったのも、当然のことだったのかもしれない。

平成13年（2001年）法輪功と千石イエスの死

キューブリックが予測できなかった世界

スタンリー・キューブリック監督の『2001年宇宙の旅』は、アーサー・C・クラークの小説を原作とした壮大なSF映画で、題名が示すように、21世紀最初の年が中心的な舞台になっている。

映画の制作は1965年（昭和40年）にはじまっているが、それはアポロ11号が月面着陸を果たす4年前のことだった。キューブリックは、IBMなどの協力を得ながら、近未来において、テクノロジーがどのように発達しているかを予測しようと試みた。しかし、未来予測ほど難しいものはなかった。

一つ、大きく予測が外れたのが、液晶技術の開発である。映画には、今は社会生活に広く普及している液晶による表示がいっさい出てこない。最新鋭の宇宙船のコックピットの表示は、依然としてアナログの世界なのである。

もう一つ、予測が決定的に外れたのが、東西冷戦の崩壊である。映画では、ソ連が相変わらずアメリカと対立関係にあることが前提とされている。1965年は、アメリカがベトナムで北爆を開始した年だった。

その時代にはまったく予測されなかったものの、21世紀最初の年には、すでに東西冷戦は過去のものとなっていた。だが、それで世界に全面的な平和がもたらされたわけではなかった。世界は新たな脅威にさらされていた。それを象徴したのが、9月11日のアメリカにおける同時多発テロだった。

わずか7年で信者1億人突破の法輪功

この年の1月23日、北京の天安門広場では、中国の新宗教、法輪功《ほうりんこう》のメンバーが焼身自殺をはかり、その模様がテレビで報道された。ただし、法輪功の側は、一連の報道は、共産党政府による捏造《ねつぞう》だと非難した。

法輪功が誕生したのは、1992年(平成4年)5月のことである。教祖である李洪志《りこうし》という人物は、1951年(昭和26年)5月に吉林省公主嶺市で生まれ、幼い頃から仏教や道教の師について教えを学んだとされる。1974年からは、気功について研究をはじめる。そして、仏教や道教の教えを取り込んだ独自の気功法を開発し、1989年（平成元年）からは、弟子に教えるようになっていた。

法輪功のことが世界的に知られるようになったのは、1999年（平成11年）のことである。4月25日、法輪功の信者2万人が、中南海《ちゅうなんかい》で座り込みを行った。中南海には、官邸が立ち並び、共産党の最高幹部の住居がある。法輪功は、天津《てんしん》師範大学が発行している雑誌に、自分たちを批判する記事が掲載され、それに抗議した信者が公安局に逮捕されたため、実力行使に出たのだった。

中国政府は、事前に法輪功の行動を察知できず、1989年の天安門《てんあんもん》事件以来の大規模な抗議行動に慌てた。もっとも、法輪功の信者たちは、プラカードを掲げて気勢をあげるようなこともなく、ただ黙って座り込んだだけだった。あるいは、立ったまま、李洪志の著作『転法輪』を読んでいた。そして、当日の深夜には解散している。

法輪功の信者は、中国全土で7千万人、あるいは1億人にものぼるとされた。共産党員の数が5800万人だから、法輪功の信者数はそれをはるかに凌駕していた。しかも、江沢民《こうたくみん》主席、朱鎔基《しゅようき》首相、胡錦濤《こきんとう》国家副主席などの要人の夫人たちも、法輪功の信者になっているという噂があり、公的機関に所属している人間も少なくなかった。

法輪功が誕生して1億人の信者を抱えるようになるまで、わずか7年しか経っていない。日本でも、法輪功は勢力を拡大していた。法輪功の信者たちは、「煉功《れんこう》」と呼ばれる独自の気功法を実践しているが、公園などに集まって煉功を行う「修煉会《しゅうれんかい》」が、日本の各地で行われていた。これは、現在も続いている。

アメリカにも500万人の信者がいて、アメリカ大陸全体で1000万人に達すると言われた。法輪功の信仰は、中国人コミュニティを通して拡大していた。

日本の新宗教で法輪功に匹敵するものと言えば創価学会だが、創価学会が急速に拡大したのは、高度経済成長の時代である。法輪功の場合も、中国における急速な経済成長が拡大の背景になっていた。

法輪功の信者が多いのは、中国の北の地域で、南の地域には少ない。中国では、経済発展が続くなかで、北と南の格差が生まれた。南の地域が飛躍的な成長を遂げたのに対し、北の地域は、それに失敗した。法輪功は、経済発展の恩恵にあずかることができなかった人間たちのあいだに広まったのである。

ところが、中国政府は、中南海の事件に衝撃を受け、その年の7月には法輪功を全面的に禁止してしまった。教祖の李洪志については、国際手配とした。彼は、1996年(平成8年)の段階で、すでにアメリカのニューヨークに移り住んでいた。

全面禁止以来、中国政府やその関係者は、法輪功を批判し、李洪志は脱税などの犯罪をおかしていると非難してきた。中国では、カルトのことを「邪教」と言うが、法輪功は邪教の最たるものとして、厳しい取り締まりの対象になってきた。

法輪功の側は、中国政府が、メンバーに対して残虐な行為をくり返し、死亡者も出ていると、激しく抗議している。

中国国内のことについては、情報が乏しく、中国政府と法輪功のどちらの言い分が正しいのか、今のところ判断は難しい。

日本の創価学会は、高度経済成長の波に乗り切れない中下層に救済の手を差し伸べることで、その勢力を拡大した。その点で、新宗教は、弱者救済によって、経済発展が生む矛盾の解消に貢献したことになる。

法輪功も、創価学会と同じ役割を果たしつつあった。ところが、中国政府がそうした新宗教を全面的に禁止し、弾圧したことで、経済発展の矛盾の受け皿が消滅してしまった。果たしてそれは正しい選択だったのか。その判断を下すには、まだ時間が必要なのかもしれない。

9・11テロとオウム真理教の共通点

法輪功が全面禁止された同じ7月、オウム真理教事件について分析した、私の著作、『オウム　なぜ宗教はテロリズムを生んだのか』がトランスビューという出版社から刊行された。この出版社の社長は、私の大学時代の同級生で、彼が新しい出版社を立ち上げた理由の一つが、なかなか出版にこぎつけられなかったこの本を出すことにあった。

この本は、1300枚の書き下ろしで、540頁を超えた。幸い、本の出版は高く評価され、数多くの書評や紹介が世に出た。統一教会やオウム真理教の問題で、私を強く批判した有田芳生も、好意的な書評を書いてくれた。

『オウム』が評価された背景には、その刊行直後に起こったアメリカでの同時多発テロがあった。どちらも、過激な宗教思想にもとづく大規模なテロであり、本の副題となった「なぜ宗教はテロリズムを生んだのか」という問いが、極めて重大な意味をもつことになったからである。

それまで、オウム真理教の事件は、権力欲に走った教祖と、それを盲信した信者による狂信的な事件にすぎないというとらえ方がされていた。だが、オウム真理教の事件と同時多発テロのあいだにはさまざまな点で共通点があり、同時多発テロが起こったことで、オウム真理教が引き起こした事件の重大性が改めて認識されることになった。

共通性としては、宗教が背景になっていただけではなく、国際的なコネクションがかかわっていたこと、テロの実行犯には学歴の高い若い人間が多かったことなどがあげられる。同時多発テロの中心にあったムハメド・アタは、事件前に透明感を漂わせていたと言われるが、それはまさに刺殺されたオウム真理教の最高幹部、村井秀夫に当てはまることだった。二人は、理科系の学部を出ている点でも共通していた。

犠牲者の数などでは、同時多発テロの方が、はるかに被害は甚大だが、テロに使用されたものにかんしては、オウム真理教の方がはるかに重大だった。オウム真理教は、化学兵器であるサリンを製造し、使用した。民間の一宗教団体が化学兵器に手を出すなど、予想外のことだった。しかも、オウム真理教は生物兵器の開発を試み、核兵器の取得にさえ関心をもっていたのである。

したがって、オウム真理教の事件に対しては、日本よりも、大量破壊兵器の拡散を恐れるアメリカや、多数の信者を抱えていたロシアの方が深刻に憂慮していた。

その後、アメリカは、同時多発テロの首謀者としてウサマ・ビンラーディンを特定し、彼を匿《かくま》っていたアフガニスタンのタリバーンの攻撃に乗り出す。それは、やがてイラク侵攻に結びつき、反テロ戦争という新たな戦争が引き起こされることになった。これも、『2001年宇宙の旅』では予測されていないことだった。

そこから、キリスト教とイスラム教との宗教同士の衝突が大きな問題として意識されることになるが、同時多発テロの少し前、日本でもイスラム教をめぐって一つの事件が起こっていた。

5月21日、富山県の富山市に隣接する小杉町でイスラム教の経典『コーラン』や預言者ムハンマドの言行録である『バディース』が破り捨てられているのが発見された。これに抗議して、数日後には東京の日比谷公園で在日パキスタン人などが500人規模のデモを行った。ただし、犯人は特定されず、大きな事件には発展しなかった。

千石イエスの死

この年の12月11日、福岡市の病院で一人の男性が死亡した。その名前は、千石剛賢《たけよし》という。彼は、「イエスの方舟」のリーダーで、「千石イエス」と呼ばれることが多かった。

イエスの方舟のことが話題になったのは、昭和54年のことだった。月刊誌『婦人公論』に、娘をイエスの方舟に奪われたとする母親の手記が掲載され、そこからイエスの方舟と千石に対するマスコミによる批判がはじまる。

『婦人公論』の手記が出た頃には、すでに26名からなるイエスの方舟の集団は、仲間を連れ戻そうとする家族などから逃れるために、逃亡生活を続けていた。方舟という名称は、マスコミがつけたものだが、全国をさ迷っていることが、その名の由来となった。

警察も指名手配を行い、その行方を追った。翌昭和55年7月、『サンデー毎日』が、熱海にいた一行を発見し、千石との独占会見を掲載し、イエスの方舟が決して若者を拉致するような危険な集団ではないと報じた。これによって、世論にも変化が起こり、警察も千石らを不起訴処分にした。

その年の暮れ、イエスの方舟の一行は、福岡の博多に移り、それ以降、この地に定着することになる。メンバーには、千石の娘など、若い女性が多く、彼女たちは、博多の繁華街、中洲に「シオンの娘」というクラブを開き、そこで働くようになる。男性の会員は、大工仕事などを行い、皆で共同生活をしていた。平成5年には、宗教活動の拠点として、「イエスの方舟会堂」を福岡市近隣の古賀市に建設している。

イエスの方舟の母体となったのは、千石が昭和35年に東京国分寺市に立ち上げた極東キリスト集会で、その時代から共同生活をはじめていたが、活動の中心は聖書の勉強会にあった。千石は、それ以前、一般のキリスト教のプロテスタントの教会に出入りしていて、聖書を学んでいた。イエスの方舟には、一般のキリスト教とは異なる特殊な教えがあるわけではないが、千石の聖書についての独自の解釈をもとに、メンバーは聖書を学んできた。イエスの方舟が、カルト的な側面をもたないのは、千石が終末論を強調しなかったからである。

シオンの娘は、アルコールを提供するクラブで、一日に一度、メンバーが演じるショーが売り物になっている。私は二度ほどそこを訪れたことがあるが、これほど健全な雰囲気のクラブはほかに経験したことがない。

客には、社会的な地位のある人物が多いように思われたが、彼らはショーを心から楽しんでいて、その表情はまるで童心に返ったように見えた。店の女性たちのなかには、博多定着後に加わった若いメンバーも含まれているが、色気を売り物にしているわけではない。客の方も、そうしたことはまったく期待していないように見えた。

千石の死後、ショーの最後には、年配の女性が出てきて、「シオン太鼓」なるものを叩く。彼女は、「主幹」を名乗っているが、共同生活のなかで戸籍上離別した千石の妻である。実は、イエスの方舟のメンバーは、千石は、この元妻の姿をとって、今でも生きていると信じている。千石は、一般の教祖とは異なり、信者から絶対的に崇拝されていたわけではない。メンバーのあいだでは、親しみを込めて「おっちゃん」と呼ばれていた。その呼称は、女性の多いメンバーにとって、彼がよき相談相手だったことを示している。

イエスの方舟の集団自体は、決して大きなものではないが、生前の千石には外部にファンが少なくなかった。クラブの2階はカラオケ・ルームになっていて、ショーが終わると、客はそちらに移動して、歌をうたってから、メンバーの拍手に送られ、店を後にすることになるのだが、その部屋の壁には、おっちゃんが坂本龍一と並んでいる写真が飾られている。

平成14年（2002年）真如苑の経済力と首相の靖国参拝

739億円で日産の工場跡地を買収した真如苑

自動車産業は日本の基幹産業である。戦後の日本社会で、モータリゼーションが進行するなか、自動車産業は大きな発展を遂げた。そのなかで、トヨタ自動車と日産自動車は、二大メーカーとしてしのぎをけずってきた。とくに日産は、「技術の日産」と言われ、高い技術力を誇ってきた。

しかし、日産には技術偏重の傾向があり、販売に重点をおくトヨタ自動車にしだいに後れをとるようになっていった。しかも、組合闘争が熾烈《しれつ》を極め、ついには一時、ホンダの後塵《こうじん》を拝するまでに至った。

そんななか、平成11年には提携したフランスのルノー傘下に入り、ルノーの副社長だったカルロス・ゴーンが最高執行責任者に就任し、日産はその再生を図ることとなった。

ゴーンは、大胆な改革を推し進め、すぐに東京都武蔵村山市と立川市にまたがる村山工場の売却を決めた。村山工場は、スカイラインなどを生産していた日産の主力工場だった。工場の敷地は、約140ヘクタールにのぼる広大なものであった。工場は、平成13年3月に閉鎖された。

日産が、その土地の4分の3にあたる約106ヘクタールの土地を立川市に本部をおく新宗教、真如苑に売却すると発表したのが、この年、平成14年3月12日のことだった。売却金額は739億円にものぼり、日産はそれによって約500億円の売却益を見込んでいた。

真如苑の存在は、昭和の終わりから一般に広く知られるようになっていた。最初は、沢口靖子や高橋惠子、鈴木蘭々、松本伊代、大場久美子といった美人女優、人気タレントが入信しているということで話題になった。

ただし、その成立は戦前のことで、開祖となった伊藤真乗《しんじょう》は、昭和13年に、真言宗醍醐《だいご》派立《たち》川不動尊《かわふどうそん》教会を設立した。真言宗醍醐派の総本山は京都の醍醐寺で、この寺院は修験道の山伏《やまぶし》たちの総元締めとしての役割を果たしていた。伊藤も、そうした修験道の山伏の一人であり、戦後になっても山伏姿で宗教活動を実践し、護摩《ごま》を焚いて、加持祈禱《かじきとう》を行っていた。

戦後は、醍醐派から離れ、真乗は「まこと教団」を立ち上げる。ところが、彼は修行中に幹部に暴力を働いたとして告訴され、執行猶予付きの有罪判決を下されている。これが、昭和25

年に起こった「まこと教団リンチ事件」で、これによって教団は大きな打撃を受けることとなった。

悪化した教団のイメージを変えるため、真乗は昭和26年に教団名を真如苑に改称する。あわせて、真乗は宗教法人真如苑の代表役員を降り、代わりに妻の友司《ともじ》が新たに代表役員に就任した。

霊的なカウンセリングで信者90万人

これは、たんなる教主の交代にとどまらず、教団の性格を変えることにも結びついていく。というのも、友司は、もともと霊能者の家系の生まれで、彼女が教主の座についたことで、「接心《せっしん》」と呼ばれる霊的な修行の比重が大きくなり、修験道色が薄まっていくからである。それ以降、真乗が山伏姿で信者の前に現れることはなくなっていく。彼はむしろ、素人仏師として仏像の制作に力を入れるようになる。

接心は、現在の真如苑においても核となっている宗教行為である。霊的な修行と言えば、神憑《かみが》りなどを伴うおどろおどろしいものが想像される。だが、真如苑の接心は決してそうしたものではなく、むしろ臨床心理学で実践されるカウンセリングに近い。

接心を行うのは、教団のなかで修行を行った人間で、接心を受ける信者と向かい合うと、インスピレーションにもとづいて質問したり、アドバイスを行う。そこには、霊の力が働いているとはされるが、接心を行う人間がエクスタシー状態に陥ったりはしない。イメージとしてもっとも近いのは、テレビの人気番組『オーラの泉』の江原啓之《えはらひろゆき》のパフォーマンスである。

創価学会に代表される旧来の新宗教は、現世利益の実現を目標に掲げたり、信者が問題を抱えているのは先祖供養を怠っているからだとして、先祖供養の重要性を説いてきた。一方、オイル・ショック以降に台頭した新新宗教では、終末論が説かれ、超能力やオカルト的な知識の獲得が喧伝されてきた。

真如苑は、そうした旧来の新宗教とも、新新宗教とも異なっていて、もっぱら霊的なカウンセリングによる個人の精神的な救済を目標としている。その点で、宗教としての新しさをもっており、極めて現代的である。だからこそ、実数で90万人の信者を抱え、広大な土地を取得できたのである。

それにしても、739億円もの大金を拠出できる真如苑の経済力は脅威である。全額もち金だったわけではなく、銀行から融資を受けた部分もあるということだが、驚くべきは土地を取得した目的である。その計画を聞いていると、実際にははっきりとした目的がないまま広大な土地を取得したというのが実態なのである。

一般の組織において、はっきりとした目的がないまま、土地の取得に大金を拠出することなどあり得ない。また、そうした余裕をもっている組織なども存在しない。ところが、真如苑ではそれが可能だった。この出来事は、途方もない真如苑の財力、集金力の大きさを強く印象づける結果となった。

織田無道の宗教法人乗っ取り事件

もちろん、宗教法人を設置したからといって、それで自動的に金が入ってくるわけではない。ただ、何らかの形で宗教活動を行っている人間には、宗教法人としての認証を受けることにはメリットがある。宗教活動から入る金についてはいっさい課税されないし、本尊を祀る土地についても固定資産税がかからないからである。

ところが、オウム真理教の事件が起こったこともあり、宗教法人格の取得は昔よりも難しくなってきた。そこで、宗教法人の売買ということが問題になってきた。宗教法人のなかには、いったん法人格を取得したものの、信者が集まらないため、活動が停滞し、休眠状態に追い込まれるようなところも少なくないからである。休眠状態にある宗教法人を売買するブローカーが存在するとも言われている。

そうしたことが背景になっている事件が、9月11日に起こる。タレントとしても活動していた僧侶の織田無道《おだむどう》（本名は織田礼介）が逮捕される。彼は、都内の宗教法人の役員会の議事録を偽造し、自分がその宗教法人の代表役員に就任したかのように虚偽の登記変更を行ったというのである。

織田は、独特のキャラクターで、数々のテレビ番組に出演し、タレント僧侶と言われていた。彼は、自ら霊能者であると主張し、テレビでも霊を祓う除霊などを実践していた。

彼は決して偽の僧侶ではなく、神奈川県厚木市にあって臨済宗建長寺派《りんざいしゅうけんちょうじは》に属している圓光寺《えんこうじ》の住職であった。臨済宗といえば、栄西《えいさい》が開いた禅宗の一つであり、本来、織田が行っていたような除霊といったこととは無縁のはずだった。織田のパフォーマンスは、むしろ民間の宗教家や新宗教の教祖のそれに近い。

ところが、既成仏教宗派においては、そこに所属するそれぞれの寺院において、個々の僧侶がどういった宗教活動を行っていたとしても、それに規制をかけるようなことはないし、そもそもそれができるだけの権限がない。それで、織田の行動が放置されたわけだが、臨済宗の宗派としては、事前に何らかのアクションを起こしておく必要があったかもしれない。

逮捕された際、織田は、乗っ取りの意図はなく、無罪を主張した。しかし、横浜地裁は、平成15年2月に、公正証書原本不実記載・同行使などの罪で懲役2年6カ月、執行猶予4年の有罪判決を下している。翌年1月の控訴審でも、一審判決が支持されている。

織田は、圓光寺の住職の地位を息子に譲り、現在でも、タレントとして活動しているとのことだが、テレビで見かけることはなくなった。

小泉首相の靖国神社参拝と国内外の反発

この年の12月、当時の福田康夫官房長官の私的懇談会「追悼・平和祈念のための記念碑等施設の在り方を考える懇談会」（今井敬座長）は、「国立の無宗教の恒久的施設が必要」だという報告書をまとめた。その施設においては、明治維新以降に日本が関与した戦争による内外の戦没者を追悼の対象とし、都心かその周辺の公園風の土地の一角にそれを建設すべきだというのである。

この懇談会が作られ、報告書がまとめられた背景には、前年の8月13日に行われた当時の小泉純一郎首相の靖国神社参拝という出来事があった。

小泉首相は、総裁選において、8月15日に靖国神社を参拝することを公約に掲げていた。ただし、内外の反発が強く、それに少し譲歩する形で、終戦記念日の前々日に変更したものの、中国や韓国はこれに猛反発した。小泉首相は、在任中、自らの姿勢を変えず、何度か靖国神社に参拝を続けたため、中国や韓国の首脳との相互訪問が途絶えるという事態にまで発展した。

そうした出来事があったため、戦前の軍国主義のイメージが強い靖国神社に代わって、戦没者を追悼するための施設が必要だという声が生まれ、それが官房長官の私的懇談会の発足に結びついた。とくに中国や韓国が問題にしたのが、靖国神社にA級戦犯が合祀されていることで、そこから無宗教式の追悼施設を国が設置すべきだという見解が生まれたのである。

靖国神社の前身は、東京招魂社《しょうこんしゃ》で、戊辰《ぼしん》戦争以降の戦争で亡くなった軍人、軍属を祭神として祀っている。人を神として祀ることは、菅原道真や豊臣秀吉、徳川家康などの先例がある。ただし、戦争で亡くなった軍人を一律に祭神として祀るというやり方は、近代に生まれた特殊なものであった。しかも、戦前の靖国神社では、陸軍と海軍が祭事を総括していた。

戦後は、陸軍や海軍が解体され、それに伴って、靖国神社は宗教法人格を与えられ、民間の神社の一つとして存続することになった。けれども、合祀者の名簿を役所が製作するなど、戦前のやり方を踏襲している部分があった。しかも、公の手を離れたことで、外部から靖国神社に干渉することもできなくなった。信教の自由は保障されなければならないからである。

小泉首相の靖国参拝に対しては、中国や韓国だけではなく、国内からも反発が起きた。とくに宗教団体は、この問題についてナーバスだった。新宗教になると、戦前に弾圧を受けている教団も少なくない。そうした教団からすれば、首相が靖国神社に参拝することは、戦前の悪夢を思い出させることにつながるのである。

小泉政権を支える公明党の支持母体である創価学会も、戦前に弾圧され、初代会長の牧口常三郎は獄死《ごくし》している。したがって、公明党は、首相の靖国参拝に対して遺憾だという談話を発表した。けれども、首相はこの友党からの批判をつっぱね、在任中は参拝を続けた。

あるいは公明党が、首相の靖国参拝に対して、より強硬な姿勢をとっていたとしたら、情勢は変化していたかもしれない。だが、結局は、国民の人気に支えられた首相に遠慮したのか、参拝を阻止するほどの強い姿勢を示さなかった。その点は、創価学会の会員たちにとっては、必ずしも賛同できないやり方だったはずである。それは、翌年、自衛隊のイラク派遣をめぐって再燃することになる。

平成15年(2003年) 白装束騒動と池田大作重病説

ラエリアン・ムーブメントのクローン人間第1号

フランス人のクロード・ボリロン・ラエルが創設したラエリアン・ムーブメントは、異星人とのコンタクトを主張する特異な集団だが、前年の12月27日、教団に関連するクローンエイド社によって、クローン人間の第1号が誕生したと発表した。その子どもは女の子で、「イブ」と名づけられた。

この団体には日本支部がある。この年の1月19日には、イブ誕生を祝して、青山通りや表参道において、「クローンベイビー誕生祝賀パレード」を行った。このパレードには、メンバー100人が参加した。

さらに、この直後の23日、クローンエイド社は、教団が手がけた3人目のクローン人間として、日本人メンバーの男の子が誕生したと発表した。この子どもは、1年半前に事故で亡くなった2歳の男の子の体細胞を使ったクローンだとされた。ただし、DNA鑑定などによる証拠は提出されなかった。両親は、そのためにおよそ20万ドルの費用を負担したという。

亡くなった子どもを再生させる試みということでは、手塚治虫の漫画『鉄腕アトム』のことが思い出される。アトムを作ったのは、天才科学者の天馬《てんま》博士である。博士は、交通事故で亡くなった息子のトビオに似たロボットとしてアトムを作った。しかし、博士は、ロボットが成長しないことに落胆し、アトムをサーカスに売ってしまう。アトムの物語の下敷きになったのは、「ピノキオ」だった。

そのアトムが誕生したとされるのが、まさにこの2003年（平成15年）の4月7日だった。4月7日というのは、漫画の連載がはじまった日（昭和26年）である。手塚の描いた夢物語は彼の漫画が描かれてから50年以上の歳月を経て、クローン人間として文字どおり蘇ったことになる。ただし、科学界では、クローンエイド社が本当にクローン人間を作ったとは考えられていない。

謎の白装束集団パナウェーブ研究所

アトムの誕生日の直前、3月の終わりには、東京で第19回国際宗教学宗教史会議世界大会が開かれている。この大会には、世界中から宗教学の研究者が集まってきて、大変な盛況だったが、私もオウム真理教の問題について発表を行った。

それから間もない、この年のゴールデンウィークには、宗教をめぐって奇怪な事件が起こる。白装束《しろしょうぞく》騒動である。

4月28日のこと、岐阜県の八幡《はちまん》、大和《やまと》両町境の林道で、全身白ずくめの人間20人ほどが、樹木やガードレールに白い布を巻いているところが発見された。地元の住民が不安を抱いたため、林道関係者が退去を要求したが、集団の側はそれを拒否した。

これが騒動のはじまりだった。集団は、「パナウェーブ研究所」と名乗っていて、白い服を身にまとったり、白い布を巻いたりするのは、有害な電磁波の影響を弱めるためだと説明していた。

岐阜県警は、この集団が道路を勝手に占拠していることから、道路交通法違反で捜査に乗り出す。住民を刺激し、国民全体に不安感を与えたのが、記者会見での佐藤英彦警察庁長官の発言だった。長官は、「彼らの装束、行動は異様であり、住民の不安は大きい。オウム真理教の初期に似ている」と述べたのだった。

たしかに、オウム真理教の信者たちも、クルタと呼ばれる主に白い装束を身につけ、上九一色村などでは、防毒マスクを身につけて、集団で歩行したりもしていた。地元住民や警察に対して敵対的な態度をとった点でも、白装束集団はオウム真理教に似ていた。

白装束集団は、これによって、岐阜県の林道から立ち去るが、そこから車での集団移動を続ける。それをマスコミが追い続けることで、騒動は一気に拡大し、集団がいったいどこへ向かうのか、国民全体の関心を集めることとなった。

最終的に、集団は福井市五太子《ごたいし》町にある教団の関連施設に落ち着くことになるが、それまでマスコミは、集団の後を執拗に追い続け、ワイドショーは、その話題一色になった。これは、期間はそれほど長くはなかったものの、地下鉄サリン事件以降の状況に似ていた。集団はたしかに異様だが、格別大きな事件を起こしていたわけではなかった。けれども、集団が移動し続けているあいだは、マスコミは、報道をやめるわけにはいかなかったのである。

騒動のなかで、しだいに教団の正体が明らかになっていった。リーダーは、千乃裕子《ちのゆうこ》という女性で、そこから集団は、「千乃正法《ちのしょうほう》」とも呼ばれていた。千乃は、大阪府池田市の出身で、本名は増山英美と言った。彼女が宗教家としてどういった道を歩んだか、詳しいことは分かっていないが、GLAの開祖であった高橋信次が亡くなったあと、その後継者を名乗ることで、信者を集めていった。

GLAのことは、『日本の10大新宗教』の最後でも取り上げたが、高橋には教団の外にもファンが少なくない。彼が48歳と、比較的若くして亡くなったこともあり、死後には、後継者を名乗る人間たちが次々と現れた。千乃もその一人で、高橋の娘、佳子との後継者争いに敗れたと主張したが、その事実はなく、そもそもGLAとは関係がなかった。

それでも、千乃は、反共主義の立場をとることで、一定の支持者を獲得した。電磁波による攻撃も、共産主義ゲリラによるものとされ、彼女はその攻撃で末期ガンにかかり、瀕死の状態にあると主張していた。

ただし、テレビのインタビューに応じた彼女の様子からは、瀕死の状態にあるようには見えなかった。それでも、彼女が電磁波攻撃に使われていたとするスカラー波は、さまざまな電磁波について研究し、磁気密度の単位として使われているテスラに名を残すニコラ・テスラに由来するもので、一部には、スカラー波に関心を持つ者が存在した。

その前の年に、多摩川に出現し、大いに話題になったアゴヒゲアザラシの「タマちゃん」の捕獲騒動を引き起こした「タマちゃんのことを想う会」が、白装束集団と関連していることも明らかになった。集団では、山梨県大泉村の関連施設に、捕獲したタマちゃんを収容するためのドーム型のプールを所有していた。

集団が福井に定着し、移動をしなくなると、国民やマスコミの関心は一気に失せ、騒動は終息に向かう。しかし、むしろ問題となるような事件が起こったのは定着後のことで、8月には、施設のなかで、福岡教育大学の助教授が亡くなっているのが発見された。

この助教授には、背中に打撲の跡があり、信者5人が逮捕され、罰金刑を受けている。また、不正車検の問題で、集団の代表をつとめていた人間などが執行猶予付きの有罪判決を下されるという出来事も起こった。けれども、こうした事件に対しては、ほとんど世間の関心は寄せられなかった。平成18年には、千乃裕子が亡くなり、この集団のことは話題にならなくなってきた。

5月3日創価学会の日に欠席した池田大作の重病説

こうした白装束騒動の陰で、実はそれ以上に重要な出来事が起こっていた。

それは、日本中が白装束集団の動向に強い関心を寄せていた5月3日のことだった。この日は、創価学会にとって重要な日で、「創価学会の日」と名づけられている。それは、池田大作名誉会長が32歳の若さで創価学会の第三代会長に就任した日だからである。

それは昭和35年のことだった。この年の日本は、安保闘争の嵐に巻き込まれていくが、まさに、高度経済成長真っ盛りの時代で、創価学会は飛躍的な伸びを続けていた。そのなかで、若き会長の登場は、学会員の士気を大いに高める方向に作用した。それは、創価学会にとって、言論出版妨害事件を引き起こすまでの黄金時代の幕開けであった。

その創価学会の日の行事に、池田は欠席した。それによって、重病説が流れることになる。会長に就任した時点では、若さに満ちあふれていた池田も、この年には、すでに75歳になっていた。もともと青年時代に結核を患うなど、病弱な面があった。重病説は、すでにゴールデンウィークがはじまる頃から流れていた。

ただし、6月12日に開かれた本部幹部会で、池田は恒例のスピーチを行っている。ただ、それを見た会員の印象では、会員たちの第一のお目当てである池田のスピーチには力がこもっていなかったという。

教団の側は、池田がこの時期重病に陥ったことを認めていないし、本人も何も語っていない。一部には、創価学会の日の行事を欠席したのは病いによるものではないという声もある。

しかし、この時期の前後から、池田が創価学会の一般の会員の前に姿を現すことが激減していることはたしかである。それまでの池田は、つねに全国を駆け回り、海外にも頻繁に足を延ばしていた。その様子は、池田本人の著作『新・人間革命』につづられている。

創価学会の会員が、池田に対して強い信頼感をもってきたのも、直接池田に会うことができたからだった。池田は、地方の会員であっても、その人物や名前をよく覚えている。それは、カリスマ的な人物に不可欠な能力で、名前を覚えてもらっていた会員は感激し、いっそう池田を信頼するようになる。

ところが、近年になると、池田が地方を訪れる機会は激減する。今のところ、九州については平成11年が最後で、さらに四国だと平成3年にまで遡る。名古屋には、これまで100回以上行っているが、最近はまったく訪れていない。

全国のなかで、池田がもっとも頻繁に訪れているのが大阪である。重病説が流れるまで、池田は、大阪を257回も訪れている。最初は昭和27年のことで、池田は単身大阪を訪れ、堺市内で開かれた学会の座談会に出席している。

最初に創価学会が参議院に進出した昭和31年には、1月から半年にわたって大阪に滞在している。池田は、学会の参謀室長として、選挙運動の最前線に立って活躍した。翌年の参議院の大阪地方区補選の際には、後に無罪判決を受けているものの、選挙違反で逮捕、起訴されている。

その大阪に、池田が257回目に訪れたのが、平成13年のことで、次に訪れることになるのは、平成19年になってからのことである。大阪にさえ長い間足を踏み入れなかったのは、やはり健康問題がかかわっているように思われる。

創価学会の内部では、重病説が流れて以降、公然と「ポスト池田」のことがささやかれるようになったというが、池田が会員の前にほとんどその姿を現さなくなったことは、すでに半分ポスト池田の時代に入っていることを意味している。

入院中に見た幻覚は神秘体験だったのか

重病ということでは、この年の10月、私自身が長期にわたる入院を強いられることになった。甲状腺亢進《こうしん》症と十二指腸潰瘍を併発し、40日以上にわたって入院した。入院したのははじめてのことだった。

平成13年に『オウム』を出版したことで、世間の私に対する見方は変わった。しかし、経済的な環境ということでは、根本的な改善は見られなかった。翌年は数冊の本を刊行したものの、後が続かなかった。病気をする年の前半には、次に出す本の仕事もない状況になっていた。

そうしたことがやはりストレスになっていたのかもしれない。また、オウム真理教の事件を契機に大学を辞めた後、本人としては、どこか平静を装っていたところがあった。しかし、将来に対する展望はなかなか開けず、経済的にも苦しい状況が続いていた。

甲状腺亢進症では、心拍数が異常に高くなった。それを抑えるため、私は、11日間にわたって薬で眠らされているという療法を施された。そのあいだのことは、今でもまったく記憶がない。

そして、その眠りから目覚めたとき、医者に言われたとおり、数日にわたって幻覚を見た。幻覚が夢と違うのは、容易には忘れないことで、今でもそれを思い出すことができる。

幻覚は奇妙なものばかりだが、そのなかに宗教にまつわるようなものも含まれていた。私は、オウム真理教の信者たちが追い求めた神秘体験というものは、実は自分が体験した幻覚のようなものではなかったかと考えた。

その点で、幻覚を見た体験は、宗教学者としての私には貴重なものとなったが、もう一つ忘れられないのは、テレビで見たニュースだった。私はベッドに横になりながら、麻原彰晃の一審の裁判が結審したというニュースを見た。

そのニュースを見て、これで日本の社会は、オウム真理教の事件に一応の決着をつけようとしているのではないか、そのように直感した。何か空気が変わろうとしているような予感があった。それは、あるいは私をめぐる状況にも根本的な変化が訪れる兆しではないのか。点滴だけで10日以上を過ごしたために、20キロ以上体重が減って、やせ細ってしまっていた私は、自分がオウム真理教事件の重荷から解放されつつあるのではないかと感じはじめていたのである。

平成16年(2004年) 麻原死刑判決と顕正会

解明されないまま終息するオウムの謎

この年の2月27日、オウム真理教の教祖だった麻原彰晃に死刑判決が下された。麻原は、13の事件で起訴されていた。判決まで、初公判から8年近い歳月がかかった。事件の数が多く、証人も膨大な数にのぼったため、公判の回数は254回にも及んだ。

死刑判決を言い渡す際に、小川正持裁判長は、「救済の名の下に日本を支配してその王になろうと各犯行を敢行した。首謀者である被告人の刑事責任は極めて重大」だと述べた。

すでに教団の幹部にも次々と死刑判決が下され、そうした判決のなかでも、麻原が一連の事件の首謀者であると認定されていた。その点で、死刑判決は予想されたことで、マスコミ各社もそれを前提に取材を進めていた。

私は、判決が出る前から、マスコミの取材を受けていた。主だった新聞社からはすべて取材が来たが、それははじめてのことだった。病み上がりの私は、そうした取材に応じていった。まだ体は十分には回復していなくて、冬のコートを着るのがひどく重く感じられるようなこともあった。

これは、あくまで東京地裁での判決であり、弁護団は、すぐに控訴したため、裁判はさらに続くことになった。そして、その後実際にはさまざまな出来事が起こることになるが、日本の社会は、一審判決が出たことをもってオウム真理教の問題に一応の決着をつけたように見えた。

現実には、解明されなかった問題は少なくない。そもそも、オウム真理教はなぜサリンを大量生成しようとしたのか、その目的は必ずしも明らかにされなかった。計画の中心にいた村井秀夫が刺殺されたことの影響は極めて大きかった。しかも麻原は、長い裁判のなかで、まともに証言することがなかった。

事件全体の構図にしても、果たして麻原がすべてを計画し、その指示にしたがって数々の重大事件が引き起こされたのかどうか、納得できないところが少なくなかった。この点についても、村井の死の影響は決定的だった。サリン事件などで実行犯に指示を下したのは村井だった。村井はいったい何を考えていたのか。それが明らかにされなかったことで、事件全体の構図は明瞭なものにならなかった。

それでも、一般の社会は、オウム真理教の事件を過去のものとして葬り去ろうとしていた。

教団は、アーレフ（アレフ）として存続していたものの、しだいに弱体化してきたこともあって、さほど社会の注目を集めなくなっていた。

麻原に死刑判決が下り、事件に一応の区切りがついたことで、私に対する世間の風当たりも変わった。それまでは、私の周囲に、何か重苦しい空気が漂っていて、それがときに私のしようとすることを阻むことがあった。それは仕事にも影響した。その重苦しい空気にも変化が生まれ、私はそこから解き放たれようとしていたのだった。

タブーが影を潜めはじめる創価学会

麻原判決から4カ月後の6月、私は『創価学会』という本を新潮新書の一冊として刊行した。幸い、この本は、読者に歓迎され、相当な部数が売れた。本の帯には、「この巨大宗教団体を我々はどれだけ知っているか」と記されていたが、創価学会について客観的な立場から書かれた本というのは貴重だったのかもしれない。それまでは、創価学会や池田大作のスキャンダルを暴こうとするものか、創価学会自体が刊行した内輪向けの本しかなかった。

宗教について書くということは、非常に難しい。その教団に対してあまりに批判的になれば、教団から激しい反発を食うことになるし、逆に、公平に書いているつもりが、教団寄りと受け取られることもある。私は、オウム真理教の事件に巻き込まれるなかで、その難しさを痛感した。その経験が、『創価学会』を書く上で、相当に役立った。

『創価学会』の執筆を進めていた頃も、新潮社が刊行する『週刊新潮』と創価学会はもめていた。『週刊新潮』が池田のスキャンダル記事を掲載し、それに対して、創価学会の側は、自分たちのメディアを使って猛然と反論を展開していた。そうした状況のなかで、創価学会についての本を出すことには、勇気が必要だった。けれども、逆に状況がそうであるがゆえに、本を出す必要があるとも考えたのだった。

『創価学会』の読者のなかには、創価学会の会員も相当数含まれていた。それは、日蓮正宗と決別して以降の創価学会が、自分たちの教団の歴史について、会員たちに対してさえ十分な情報を与えなくなっていたからである。過去を振り返れば、日蓮正宗のことにも言及せざるを得ない。長い間、密接な関係をもっていたのに、どうして決別の道を選んだのか。創価学会は、その点の説明を避けてきた。そのために、会員たちは、私の本を読むことで、組織に対する疑問への答えを得ようとしたのである。

創価学会については、「鶴タブー」があると言われる。鶴とは、日蓮正宗の紋をさす。『創価学会』を刊行した後、会員たちから抗議や攻撃を受けたのではないかと、私に聞いてくる人たちもいた。折伏に邁進していた時代なら、そうしたこともあったことだろう。

だが、私にかんして、それはまったくなかった。時代が変わるとともに、創価学会もかなり大人になってきたのかもしれない。

会員300万人をめざす顕正会

創価学会よりも攻撃的な教団が、創価学会を批判してきた顕正会《けんしょう》である。顕正会は、この年の5月16日、国立横浜国際会議場におよそ3万人の高校生会員を集め、初の全国高校生大会を開いている。私は、この大会を撮影したDVDを見たことがあるが、広い会議場を高校生たちが埋め尽くしていた。

顕正会は、もともとは品川区にある日蓮正宗の寺の講を前身としていて、創価学会が昭和45年に起こした言論出版妨害事件で国立戒壇建立《かいだんこんりゅう》という目標を放棄すると、それを批判し、創価学会の会員を逆に折伏する行動に出るようになる。それで、創価学会と激しく対立するようになった。これで顕正会の名前が一挙に広まり、会員を増やしていくことになった。

会長は浅井《あさい》昭衛《しょうえ》という人物で、彼は創立者の父親から顕正会を引き継いだ。最初は、数百人の会員がいるだけだったが、言論出版妨害事件後の昭和47年には、会員数が1万人を超え、昭和60年には10万人に達した。そして、高校生大会を開く前年の平成15年には、会員数が100万人を超えたと発表していた。

もちろん、こうした会員数は、教団が発表した公称の数字で、そのまま実際の数として考えるわけにはいかない。だが、顕正会が、3万人もの高校生を集めることができるだけの組織力をもっていることは間違いない。

注目されるのは、顕正会が都道府県別の会員数を発表している点である。それを見ると、顕正会が広がっている地域は、ほぼ関東に限定されている。本部は埼玉県さいたま市の大宮にあるが、それよりも北の関東に地盤があり、新潟にまで広がっている。

さらに高校生を多数集めたところにも示されているように、会員には若い人間が多い。その分、折伏と称してかなり過激な布教活動を展開している。折伏する相手を逃がさないようにしたため、会員が監禁などの容疑で逮捕されることもくり返されている。もっとも、起訴にまで至ることはなく、逮捕された会員は、組織のなかで英雄扱いをされる。

顕正会では、『日蓮大聖人に背く日本は必ず亡ぶ』というかなり厚いパンフレットを発行していて、それを各方面に配布する活動も続けている。私のもとにも、2冊ほどそのパンフレットが届いている。

子どもが顕正会に入ってしまった親にとっては、事態は深刻である。子どもたちは、折伏の活動に邁進するため、学業や仕事をおろそかにするようになる。また、強引に折伏しようとして、友人や学校の同級生などとトラブルになり、人間関係が壊れてしまうことも珍しくない。

親が説得しても、彼らは聞く耳をもたない。逆に、顕正会の活動にふれなければ、怒りを爆発させたりはしないようだが、宗教活動のために、まともに働かなくなれば、それは後の人生にも好ましくない影響を与えていく。

顕正会は、今300万人の会員獲得を目標に掲げている。それだけの数を集めるには、さらに激しい折伏を展開しなければならない。その点では、この教団の危険性は拡大しているとも言えるが、折伏の活動を除けば、過激な行動に出ることはない。高校生大会でも、過激な発言をする高校生会員はいなかった。親に勧められて入信したとか、喘息やアレルギーに苦しんできたといったことを述べている程度である。

では、300万人の折伏を達成して、それでどうするのか。それが明確になっていない点も、顕正会の特徴である。その点で、活動の中身は相当に空疎なのである。

薄れゆく宗教への警戒とスピリチュアル・ブーム

この年の8月、TBS系列で、『ズバリ言うわよ!』というテレビ番組がはじまった。これは、占い師の細木数子が中心の番組で、細木の大胆な発言が売り物になっていた。

その前年にも、細木をメインにしたスペシャル番組が放送され、高い視聴率を獲得していた。細木は、「六星占術《ろくせい》」という占いの方法を独自に開発していた。これは、生まれた日の干支にもとづいて、人間を土星人、金星人、火星人、天王星人、木星人、水星人に分け、その運命を占うものだが、六つの星人への分け方が単純で分かりやすいものであったため、大衆的な人気を博することになった。

以前から、テレビを通して人気者になる占い師は少なくない。細木もその一人になるわけだが、彼女の特徴は、従来の占い師とは異なり、先祖といったことをあまり問題にしないところにあった。

従来の占い師は、不幸の原因を正しく祀られていない先祖の祟りで説明することが多かった。細木も、先祖供養の大切さを説くことはあるが、祟りといったことは問題にしない。あくまで個人のもって生まれた運命と、時期が変わることで変化する運気との組み合わせで占っていく。そこには、家というものの比重が低下した現代の特徴が表れている。

また、この年の5月には、ダン・ブラウンの推理小説『ダ・ヴィンチ・コード』の翻訳が角川書店から刊行され、ベストセラーになった。この小説は、世界中で7000万部も売れた大ベストセラーで、2006年（平成18年）には映画化もされ、こちらも大ヒットした。

物語の主人公は、ハーバード大学で宗教における象徴について研究する学者で、ルーブル美術館の館長が殺された謎を追っていくなかで、イエス・キリストにまつわる秘密を探り当てていくことになる。そこには、西欧の神秘的な物語にはつきものの聖杯《せいはい》（最後の晩餐で使われた杯）や秘密結社などが登場する。

オウム真理教の地下鉄サリン事件が起こることで、一時、宗教的なものへの関心が薄れ、むしろそうしたものを危険視する風潮が生まれた。しかし、それから時間も経ち、麻原に死刑判決が下されたことで、宗教的なものへふたたび関心が寄せられるようになってきた。それはやがて「スピリチュアル・ブーム」と呼ばれるようになるのである。

平成17年（2005年）好景気のなかの宗教と江原ブーム

パウロ永田の性と暴力

平成14年2月からはじまった「いざなみ景気」は、一般の庶民には景気の拡大を感じられない特異な景気拡大だったが、この年には頂点を迎えようとしていた。

すでに述べたように、宗教と景気との関係は密接である。創価学会をはじめとする巨大教団が誕生したのは、高度経済成長の時代だった。その点で、いざなみ景気が続くなかで、それまでとは異なる宗教が登場し、世間の注目を浴びても不思議ではなかった。だが、時代が変わったのか、宗教が話題を集めても、話題の内容自体が従来とは異なるものになった。

4月6日には、京都府にあるプロテスタントの教会、聖神中央教会の牧師であったパウロ永田こと金保《きんたもつ》が、強姦の容疑で逮捕されるという事件が起こる。

聖神中央教会の正式な名称は日本イエスキリスト長老会聖神中央教会で、韓国系の教団だった。この教団は、京都を中心に、全国に22の教会をもち、およそ1300人の信者を抱えていた。

金による性的な暴力は、平成3年頃からはじまっていた。彼は、「神の祝福だ」「信仰を試す」などと言って犯行をくり返していた。当初は成人の女性に対して性的暴行を加えていたものの、次第に被害者の年齢は下がっていき、それは小学生にまで及んだ。金は、教会のなかで、自分を徹底的に神格化し、世の終わりが近づいていると言って恐怖感を植えつけ、強制的に献金をさせていた。

アメリカでは、カトリックの神父による性的暴力が問題にされてきた。アメリカのカトリック司教協議会が犯罪調査機関に委託した調査によって、1950年(昭和25年)から2002年(平成14年)の52年間に、4450人の神父が性的暴力をふるった疑いがあり、被害件数は1万1000件にのぼることが明らかになっている。

カトリックの神父は、終生誓願によって、生涯独身を守ることを誓っている。誘惑の多い現代社会のなかで、禁欲を強いられたことが、かえって暴力を誘発してきたようにも見える。

金の場合は、プロテスタントの牧師であり、カトリックとは異なり、独身を強いられてはいない。しかし、キリスト教では、性的な行為は原罪と結びつけられ、性的な欲望を抑圧する傾向が強い。それがかえって、犯罪に結びつくような異常な性行動に結びついた可能性がある。

金に対しては、翌年、懲役20年の判決が下り、控訴しなかったため、それが確定している。

東大卒教祖のセックス教団ザイン

宗教とセックスについては、この年の5月の終わりから、ザインという団体のことが話題になった。ザインを最初に報道したのは大衆週刊誌の『アサヒ芸能』で、その6月2日号の見出しは、「『全裸SEX教団』を元信者・被害女性が告発！」というものだった。ザインの代表は東大卒の宗教家で、秘密の儀式を開いて、女性信者に下半身を露出させ、彼自身や男性信者が猥褻な行為に及んだ。さらには、霊感商法まがいの行為で、信者から多額の金を巻き上げているというのである。

ザインの代表は、伯魔壬旭《はくまじんきょく》や小島露観《ろかん》を名乗る65歳の男性で、東大工学部土木科を卒業した後、川崎製鉄に入社した。けれども、1年で退社し、数学塾を開くとともに、哲学や易の研究を行い、平成の時代に入ると、右翼的な思想を唱え、武装訓練を行って話題になったりしていた。

東大卒の教祖が率いるセックス教団というのは、大衆週刊誌の格好のネタである。いくつかの記事が続けて出された。ただし、ザインは宗教法人ではなく、代表の妻が社長をつとめる株式会社であった。

名古屋国税局は、ザインに税務調査に入り、3年間にわたって法人税1億2000万円の所得隠しがあったとして、重加算税を含め、約3000万円を追徴課税している。ザインでは、社員に支払った給与や賞与を会社に返却させ、それで不正な資金を捻出していたというのである。

実は私は、東京の杉並区にある都立西《にし》高等学校の出身だが、小島も西高の卒業生である。私は、とんでもない先輩をもったことになるが、西高には不思議と宗教に関係している卒業生が少なくない。たとえば、私が学んだ東京大学文学部の宗教学科には、私を含め、6学年続いて西高の出身者がいた。私のときは16人と多かったが、普通、宗教学科へ進学してくる学生の数は、毎年2、3人である。宗教とまったく縁がない公立の高校から、そうした卒業生が生まれるのは不思議である。

なお、西高はJR中央線の西荻窪駅に近いが、西荻窪は、かつてオウム真理教や幸福の科学が拠点としていた地域で、深見東州《とうしゅう》(深見青山《せいざん》)が開いた神道系の新宗教、ワールドメイト(旧コスモメイト)が現在でも拠点としている場所である。ほかにも、西荻窪には、スピリチュアル・ブームに関連する店などが存在し、宗教的には特異な場所になっている。

次世紀ファームの真光元が効かず糖尿病患者死亡

この年の7月、岐阜県恵那市にある新宗教の団体、次世紀《じせいき》ファーム研究所で、そこに滞在していた糖尿病の中学1年の女児が死亡するという事件が起こる。この研究所では、「真光元《しんこうげん》」と称する健康食品を販売していた。団体の代表である堀洋八郎《ほりようはちろう》は、真光元を服用すれば、病気が治ると宣伝していた。女児の母親はそれを信じ、糖尿病の治療に必要なインスリンを持参していなかった。

堀は、中央大学経済学部を卒業したあと、パシフィック・ウェスタン大学で薬学博士号を取得し、ケンジントン大学で工学博士号を取得したとしているが、この二つの大学は、学歴を売ることを目的とした正規の大学とは言えないもので、堀に薬学の知識があるとは思えない。

堀には創価学会に入会していた経歴がある。高校2年生のとき、友人から、自分の親が家で学会員を集めて座談会をやっていて、それがうるさく勉強できないと聞くと、座談会を止めるよう説得するために友人宅へ出向いた。ところが、話を聞くうちに、「えーっ、そんな素晴らしいものがあるのか」と思い、入会したという。

堀は、大学時代、授業が終わると、夜の7時から信濃《しなの》町《まち》の学会本部で勉強をしていた。その真偽は不明だが、22歳で学会教学部の教授補となったものの、教授の試験には三度落ちた。池田名誉会長の親衛隊をしていたこともあり、本部の警備をしていたときには、池田から「ご苦労さま」と声をかけられたこともあったという。

ところが、堀が35歳のとき、彼の恩師である原島嵩《はらじまたかし》元創価学会教学部長が池田に反旗を翻し、学会を辞めると、堀自身も学会を辞めた。それでも堀は、自分の現在の活動のルーツは学会にあったとし、宗教団体の運営方法や金の集め方、信者を勧誘する方法などは、学会で学んだと語っている。

創価学会は、新宗教の教団として確固としたノウハウをもっており、それを学んでいれば、十分に他の教団で生かすことができる。平成3年の項目で、私が幸福の科学の幹部とテレビで議論をしたことについて述べたが、そのとき、教団のナンバー2であった人物は、元創価学会の幹部であった。彼は、私に反論する際に、「一念三千《いちねんさんぜん》」や「文証《もんしょう》・理証《りしょう》・現証《げんしょう》」といった創価学会用語を使った。

次世紀ファーム研究所の事件では、堀は過失致死・薬事法違反容疑で書類送検されたものの、不起訴処分になっている。その代わりに、女児に宿泊を勧めた看護師でもある天羽《あまは》昌子《まさこ》が過失致死・薬事法違反容疑で起訴され、裁判は継続中である。

自分探しの果ての『オーラの泉』

このように、景気拡大が続くなか、宗教をめぐっていくつかの事件が起こったものの、バブル経済とその崩壊直後に生まれた宗教ブームの時代に起こったような派手な出来事や事件は起こらなかった。おそらくそこには、いざなみ景気が、多くの国民に景気拡大を実感させず、実際に恩恵を与えない新しい形のものだったことが関係している。

いざなみ景気の時代には、景気の拡大が社会全体に恩恵を与えるどころか、格差が拡大していることが指摘された。ベストセラーとなった三浦展《あつし》の『下流社会——新たな階層集団の出現』(光文社新書)が刊行されたのは、この年の9月のことだった。

戦後の経済復興から高度経済成長の時代を経て、日本は、世界にも例を見ない経済的な豊かさがもたらされた社会を実現し、「一億総中流」ということが言われた。しかし、バブル経済崩壊の後の「失われた10年」の時代を経て、状況は大きく変わり、すべての国民が中産階級としての豊かな生活を享受することが難しくなってきた。そして、正社員になることができず、臨時雇いに甘んじ、生活が安定しないために結婚できない、あるいは結婚に夢をもち得ない若者たちが増えていった。

そうした若者たちは、「フリーター」や「ニート」となり、混沌とした時代の流れのなかでさ迷うようになっていった。そうした行動は、すでに述べたように、「自分探し」と呼ばれた。

この自分探しの行き着いた先に生まれたのが、「スピリチュアル・ブーム」である。この年の4月から、ブームを象徴するテレビ番組である『オーラの泉』がテレビ朝日系で放送されるようになる。この番組には、ブームのリーダー的な存在であるスピリチュアル・カウンセラーの江原啓之とタレントの美輪明宏《みわあきひろ》が出演している。江原が前世や守護霊を霊視することで、美輪とともに出演者となる芸能人にアドバイスをするというのが番組の基本的なスタイルになっている。

霊という存在をもち出してくる点で、江原は、従来の霊能者に通じるものをもっている。だが、彼が指摘する前世は、世界の高貴な人物であったり、有名人であったりと、従来の霊能者がもち出してくる存在とは大きく異なっている。しかも、彼の霊視には、おどろおどろしさがなく、その点でも、従来の霊能者とは異なっている。彼が自称するように、その方法はカウンセリングに近い。

江原を信奉する人間のことは「エハラー」と呼ばれるが、エハラーには、結婚や将来の仕事ということに悩む女性が多い。彼女たちは、まさに自分探しの途上にあり、今の社会のなかで、一応の安定を得てはいるものの、自分の人生のあり方に十分な自信をもち得ていない。そうした女性たちが、スピリチュアル・ブームの主役となっているのである。

平成18年（2006年）摂理とキャンパスのカルト

控訴棄却で麻原彰晃の死刑判決確定

この年の3月27日、東京地方裁判所は、オウム真理教の元教祖、麻原彰晃の弁護団から出されていた控訴を棄却する決定を下した。

麻原の一審での裁判を担当したのは国選弁護人による弁護団だったが、これは一審での死刑判決が出た後に解散し、私選弁護団が結成されていた。私選弁護団は、法廷で異常な行動をとり、弁護団とも意思疎通ができない麻原には裁判を受ける能力がないとして、裁判の中止を求めていた。弁護団は、6人の精神科医に鑑定を依頼し、東京拘置所で麻原に面会させ、麻原には裁判を受ける能力がないという判断を引き出していた。

もっとも、精神科医は、拘置所で面会しただけで、時間をかけて診察したわけではない。裁判所の側も、それとは別に精神科医に鑑定を依頼し、その医師は、裁判を受ける能力があるという判断を下していた。

弁護団は、控訴趣意書の提出期限が、前の年の8月31日に設定されていたにもかかわらず、提出を拒み続けた。その点が、正当な理由なく期限までに提出しなかったと判断され、控訴棄却に結びついた。

弁護団は、高等裁判所に異議を申し立て、それが棄却されると最高裁判所に特別抗告を行った。しかし、最高裁判所もそれを棄却した。こうして、控訴審がいっさい開かれないまま、麻原の死刑が確定した。この裁判は、はじまりも終わりも、まったく予想外のものとなった。

これまでも見てきたように、法廷における麻原は奇妙で、理解できない行動をとってきた。殺人の罪に問われながら、これほどおかしな行動をとった被告人はこれまで存在しなかった。果たしてそれは、病いによるものなのか、それとも麻原は病いを装っているだけなのか、その点で弁護団と裁判所の見解は真っ向から対立した。

私も、控訴審の行方については注目し続け、さまざまな形で情報の収集にあたったが、麻原が病いに陥っている可能性は少ないように思われた。

その理由としては、初公判における意見陳述で、裁判の行方に対して無関心な姿勢をとると事実上宣言したこと、教祖として強靱な精神力をもつ麻原が拘禁症状を起こすとは考えにくいこと、意図的に理解できない行動をとり依然として彼をグルとして信じ続ける信者たちに存在感を示そうとしていることなどがあげられる。私は、生体内部の情報を画像化するMRI検査で、何ら異常が発見されなかったという情報も得ていた。

一連の事件の中心にいた村井秀夫が刺殺され、麻原が法廷において事実関係についてほとんど証言を行わなかったことで、事件全体が未解明のまま裁判が終了してしまった面があった。裁判所は、麻原判決などで、一連の事件が起こった経緯について説明はしているものの、納得できない部分はあまりに多かった。

おそらく、それほど遠くない時期に麻原の死刑が執行されるものと思われる。教団の幹部たちの死刑がすべて確定した段階で執行される可能性が高いのではないか。麻原が死刑になるということは、一連の事件にまつわる謎を解明するためのもっとも重要な糸が断ち切られてしまうことを意味する。ただし、平成20年11月に再審請求がなされた。再審請求がなされたときには、ふつう死刑の執行が延期される傾向がある。それでも、早期に請求が却下されれば、執行時期が大幅に遅れることはないであろう。

摂理と日本の国立大学・有名私立大学

7月28日付の『朝日新聞』朝刊は、「韓国カルト、日本で2000人　若者勧誘、教祖が性的暴行」という見出しのもと、摂理のことを取り上げた。その記事によれば、韓国で1980

年（昭和55年）頃に設立された摂理というキリスト教系の新宗教の教祖である鄭明析《ていめいせき》は、女性信者への性的暴行によって問題を起こし、1999年（平成11年）に国外に逃亡、国際指名手配を受けているが、日本にも大都市を中心に40あまりの拠点があり、国立大学や有名私立大学の出身者がほとんどだというのである。日本人信者2000人のうち、およそ6割が女性だとも伝えられた。

この記事をきっかけに、摂理のことが話題として取り上げられることになる。キリスト教系の新宗教において、韓国人の教祖が性的暴力をふるうという点では、前年に起きた聖神中央教会の事件と共通するものがあった。

摂理の特徴は、大学のキャンパスで積極的に信者の勧誘を行っていたことにあった。大学のキャンパスでの勧誘ということでは、統一教会（原理運動）によるものが思い出されるが、そのことについては平成5年の項目で述べた。教祖の鄭は、1975年（昭和50年）に統一教会に入会し、2年ほど信者として活動していたというから、キャンパスを舞台にしての勧誘の方法はそのときに学んだのであろう。

摂理のメンバーは、大学の構内を1人で歩いている学生や、食堂、図書館で1人でいる学生に目をつける。そうした学生に声をかけるわけだが、その際に、文化サークルを装い、宗教団体だということは明かさない。そして、学生がスポーツや音楽など、関心のあるジャンルを言うと、それに対応してサークルをでっち上げ、人間関係を作って、その上で聖書の勉強会だと称して、摂理の教義を学ばせる。これは、かつて原理研究会がとっていたやり方と似ている。

ただ、摂理が現代的なのは、大学で勧誘を進める上で、それぞれの大学の学生の特徴を分析している点にあった。早稲田大学の学生は「愛に飢えている」、日本大学の学生は「何事にも平均的」と評されていた。そうした評は、必ずしも的外れなものではなかった。

鄭は、2003年（平成15年）に香港にいたところを不法滞在の容疑で逮捕されているが、そのときには、保釈金を支払って釈放されている。しかし、2007年（平成19年）5月には北京で拘束され、翌2008年（平成20年）には韓国に引き渡されている。そして、8月には3人の女性信者に対する強姦と準強姦罪で懲役6年の実刑判決を受けている。

「人生の目的」に免疫のない昨今の大学生

大学のキャンパスは、新宗教の教団にとって格好の勧誘の場である。摂理の勧誘の方法が示しているように、キャンパスのなかには、大学に入学したものの、なかなかそこに馴染めなかったり、友だちができず、孤独な境遇にある若者たちが少なくない。地方出身者の場合、大学に進学してはじめて親元を離れるという学生が大半で、誰もが簡単に新しい環境に適応できるわけではない。

とくに、現代においては、少子化が進み、兄弟姉妹の数も少ないし、同級生の数も決して多くはない。競争にさらされない分、人間関係で鍛えられていない若者が少なくない。

以前の大学のキャンパスなら、宗教団体以上に、政治セクトが「オルグ」と称して、積極的な勧誘活動を展開していた。勧誘されることは日常的なことで、学生もすぐにそれに慣れた。宗教の勧誘を受けても、それに巻き込まれないすべを心得ていた。

ところが、政治セクトは退潮し、学生が勧誘を受ける機会は減った。その分、学生たちには「免疫」ができていない。しかも、原理研究会や摂理の場合には、人類の性的な堕落ということを強調しており、大都市における進んだ性のあり方についていけない地方出身の学生には、救いを与えてくれるように感じられるのである。

今の学生が案外弱さを露呈してしまうのは、人生の目的について問われたときである。以前の学生は、思春期に達すれば、人間いかに生きるべきかということを考え、同級生同士で議論したりした。なかには、思い詰めて自殺の道を選んでしまうような学生もいたが、自らの人生を問うことは特別なことではなかった。

ところが、今はその点が大きく違う。今の学生には、人生いかに生きるべきかといった哲学的な問いは頭に浮かばない。仲間と議論した経験もない。そのため、宗教の勧誘にあい、突然、人生の目的などについて問われると、免疫ができていない分、それを深刻なものとして受けとってしまうのである。

まさに「人生の目的」で勧誘する親鸞会

そこを突いてくるのが、現在、大学のキャンパスにおいてもっとも積極的に勧誘活動を展開している浄土真宗親鸞会（以下親鸞会と略称）である。

名称からすると、既成仏教教団である浄土真宗の一派ではないかと思われるかもしれない。だが、親鸞会は、高森顕徹《たかもりけんてつ》というカリスマ的な指導者を中心に、積極的な勧誘活動を展開している点で、新宗教としての特徴を示している。

そもそも浄土真宗の場合には、僧侶になるために特別な修行を必要とせず、僧侶と俗人との区別が明確ではない。浄土真宗の僧侶は出家者ではなく、歴史的に早い段階から妻帯が認められてきた。新宗教の特徴は、俗人の組織である点に求められるが、その点で、浄土真宗は新宗教に近い性格をもっている。法主がカリスマ的な崇拝を集めてきた点でも、新宗教に似ている。

高森は、富山県氷見《ひみ》市の浄土真宗本願寺派（西本願寺）の末寺に生まれ、戦後に高岡市で親鸞会の前身となる徹信会を結成して宗教活動を展開し、昭和33年に親鸞会と改称した。親鸞会では、一般の浄土真宗について、親鸞の教えから逸脱しているとして厳しく批判している。親鸞会で、もっとも強調されるのは、「後生《ごしょう》の一大事」という考え方である。後生とは死後のことであり、その一大事とは、死後には必ず地獄に落ちなければならないということを意味する。その後生の一大事を解決することが人生の目的だというのが、親鸞会の基本的な教えである。

統一教会や摂理の場合、人類の性的な面での堕落ということが強調され、人間が原罪を抱えていることが前提とされていた。親鸞会では、性的な面は強調されていないものの、地獄に落ちることが前提とされている点で、それらと共通する。

さらに、親鸞会では、勧誘の一番のターゲットを大学の新入生とし、彼らに対して、「人生の目的を考えてみないか」と問いかけることを勧誘のきっかけにしている。その上で、新入生を勧誘する側にまわる2年生の育成に力を入れている。勧誘された側を勧誘する側に仕立て上げることで、彼らの信仰を固め、それで組織の基盤を作り上げている。こうした体系化されたシステムは、原理研究会も摂理も作り上げてはいない。

すでに述べたように、今の大学生には、人生の目的を問われたような経験はなく、そうした機会にさらされることは、衝撃的な体験になる。彼らは若さゆえに何らかのコンプレックスを抱えているが、人生の目的について真面目に考えたことがないことに気づかされ、それに愕然としてしまう。そこが、親鸞会のつけめで、大学生の精神的な弱点を突くことで、彼らを信者に取り込んでいくのである。

親鸞会の問題は、宗教団体であることを明かさずに、一般のサークルであるように装って勧誘を展開することにある。しかも、勧誘のためのシステムは確立されており、勧誘される側には、それが分からないようになっている。こうしたものに免疫がない学生にとっては、どうしても引っかかってしまいやすい。

なお、親鸞会では、1万年堂出版という出版部門を作り、高森の本などを出版している。1万年堂出版の出版物のなかで、もっとも売れているのが、京大医学部出身の精神科医、明橋大二《あけはしだいじ》が執筆した『子育てハッピーアドバイス』のシリーズである。明橋は、親鸞会の熱心な会員で、高森監修の本に共著で原稿を書いている。彼が勤務する真生会富山病院は、仏法による医療を理念に掲げており、真生会の名称は高森の命名による。

悠仁親王誕生と宮家消滅の危機

この年の9月6日、41年ぶりに男子の皇族である悠仁《ひさひと》親王が誕生した。新たな皇族男子の誕生は、その父親である秋篠《あきしの》宮の誕生以来のことで、皇太子にも愛子内親王しか生まれていなかった。もし、男子の皇族が生まれなければ、皇統は途切れてしまう。そうした状況のなかで、皇位継承問題が浮上し、女性天皇の可能性が議論されるようになっていた。

小泉純一郎首相は、平成16年末に私的諮問機関として「皇室典範に関する有識者会議」を組織し、女性天皇を認める方向で議論が進められていた。ただし、女性天皇、あるいは女系天皇を認めることへの抵抗は強く、皇室典範の改正を強行すれば、小泉政権の存立が脅かされる状態にまで至っていた。

それを救ったのが、秋篠宮妃の懐妊で、やがて男子が生まれたことで、皇室継承問題は一気に下火になった。しかし、それぞれの宮家に男子の継承者がいなくなる可能性は高く、秋篠宮家以外の宮家が消滅する危機が迫っている。それは、天皇制そのものの存立を脅かすことになる。天皇制が、神道を中心に日本の宗教の根幹となる部分に深くかかわっているだけに、天皇制の危機は日本の宗教界に決定的な影響を与えることになるかもしれない。

平成19年（2007年）パワー・フォー・リビングと平成宗教史の主役たち

謎の教団パワー・フォー・リビング

この年の1月8日から2月1日まで、目を引くコマーシャルがテレビを占拠した。それが、「パワー・フォー・リビング」というパンフレットの配布を宣伝するコマーシャルで、そこには、『異邦人』のヒットで知られる久保田早紀《さき》（現久米小百合）、プロ野球北海道日本ハムファイターズ監督（当時）のトレイ・ヒルマンなどが登場した。

このコマーシャルを打ったのは、アメリカの福音《ふくいん》派の宗教団体、アーサー・S・デモス財団で、この団体は、妊娠中絶や同性愛に反対するキリスト教右派に属していた。ただし、宗教団体とはいっても、団体としての実体はなく、ただ、パンフレットを配布することだけを目的にしていた。いったいなぜこの時期に、そうした試みが行われたのか、まったく意図がわからないまま、コマーシャルは終わり、それ以後財団は格別活動を展開していない。いったいあれは何だったのか。疑問だけが残される結果となった。

桜田淳子の芸能界復帰と統一教会

まだ、そのコマーシャルが流されていた1月下旬に発売された『婦人公論』2月7日号に、桜田淳子のインタビュー記事が載った。統一教会の信者となり、平成4年の合同結婚式に参加して結婚した彼女は、それ以来、芸能人としての活動はほとんど行っていなかった。インタビューのなかで、本人が、芸能活動を再開する意思を示したことで、メディアの話題になった。彼女は、前の年に、集英社から『アイスルジュンバン』と題されたエッセイ集も刊行していた。これも、復帰への意思表示と解釈されたが、統一教会の問題についてその本ではいっさいふれなかった。そのため、批判が寄せられていた。『婦人公論』のインタビューでは、それを踏まえ、統一教会のことについて発言すれば、また騒ぎになると釈明していた。

最初はアイドルとして絶大な人気を博した彼女は、しだいに女優として活躍するようになっていた。昭和55年に主演したミュージカル『アニーよ銃をとれ』では、史上最年少で文化庁の芸術祭優秀賞を獲得している。最後の映画出演作品となった『お引越し』は彼女のまさに代表作で、舞台では『細雪《ささめゆき》』の四女妙子が当たり役だった。桜田は、合同結婚式の騒動のあと、『細雪』の舞台降板を申し入れている。彼女は、女優としての絶頂期に芸能界を去ったことになる。

ただ、まったく歌をうたわなくなったわけではない。統一教会関係のイベントでは、教祖である文鮮明の前で歌ったりしている。彼女が、統一教会の広告塔である限り、芸能界復帰はあり得ないと言われている。

統一教会が、平成の時代における宗教史の主役の一つであることは間違いない。合同結婚式や霊感商法のことが社会問題化し、マインド・コントロールということばを広く知らしめた。さらに、摂理のように、統一教会の影響を受けた韓国系の新宗教も問題になった。

昭和の時代の統一教会は、反共活動を展開する国際勝共連合と密接な関係をもっていた。したがって、1989年（平成元年）のベルリンの壁崩壊をきっかけに東西の冷戦構造が崩れ、共産主義の脅威が消滅した段階で、歴史的な使命を終えるはずだった。

しかし、教祖の文鮮明は、宗教活動や政治活動のほかに、経済活動を積極的に展開しており、母国の韓国では、むしろ実業家としてのイメージが強い。そのため、冷戦構造が崩れても、文は積極的な活動を展開し、1991年（平成3年）には、それまで敵対関係にあったはずの北朝鮮を訪問し、経済援助の約束をしている。

日本の信者も、海外に出て活動することが多くなっている。文はすでに88歳と高齢で、2008年（平成20年）7月には、文夫妻が乗ったヘリコプターが不時着し、本人も負傷するという事故が起こっている。

アーレフの経済的破綻と分裂

統一教会以上に、平成の宗教史における重要な主役がオウム真理教である。オウム真理教は、地下鉄サリン事件を起こし、強制捜査を受けて、教祖をはじめ主だった幹部が逮捕、起訴されて以降、任意の宗教団体、アレフとして存続してきたが、平成15年には「アーレフ」、平成20年には、“Aleph”に改称している。

公安調査庁によれば、平成19年11月末時点での信者数は、出家信者が約500人で、在家信者が約1000人である。もっとも多かった時期には、出家信者は約1400人で、在家信者は1万4000人を数えた。それに比較すれば、組織の力は相当に衰えたものの、一定の勢力を保持していることは否定できない。

ただ、アーレフの内部において、勢力争いが生まれ、上祐史浩と他の幹部とのあいだで意見の対立が生まれていた。刑務所を出所後の上祐は、教団の改革を進め、脱麻原路線を推進しようとした。ところが、あくまで麻原への帰依の姿勢を変えない他の幹部と対立するようになっていった。

平成18年に、上祐は、アーレフから独立して新しい団体を結成する意向を示した。その動きは、この年に入って本格化する。3月には、上祐を中心としたグループがアーレフを脱会し、5月には、新しい団体として「ひかりの輪」を結成した。

ひかりの輪では、出家信者を「専従会員」、在家信者を「非専従会員」と呼んでいて、前者が57人、後者が106人と報告されている。全体の数では、アーレフの10分の1ほどだが、分裂時に出家信者の半分がひかりの輪に参加している。

一般の感覚では、教祖や主だった幹部が逮捕された上、破産を宣告され、上九一色村を追い出されたオウム真理教は、やがて消滅していくに違いないと考えられたことだろう。

だが、世界における宗教の歴史を考えてみるならば、一度誕生した宗教は、そう簡単に消滅しない。迫害や弾圧を受けて、ほとんど組織が壊滅的な状況に陥っても、何らかのきっかけがあれば、組織は再生されていく。それほど宗教はしぶといものなのである。

アーレフと名を変えたオウム真理教の場合には、特別措置法が成立することで、サリン事件等の被害者に対して賠償金を支払うという負担が課せられたものの、それは彼らに存在意義が与えられることにもなり、それが教団の存続を結果的に後押しする結果になった。

ところが、しだいにアーレフは、経済的に苦しい状態に追い込まれ、賠償金の支払いが滞るようになっていった。そこで、政府がアーレフに代わって賠償金の支払いを肩代わりすべきだという意見が強まった。そして、この年の3月をもって破産手続きが終結することになり、賠償金38億円のうち25億円が未払いの状態になることが明らかになった。

そうしたこともあって、国が救済を行う必要があるとされ、国会でも本格的な議論がなされるようになった。それでも、自民党は災害弔慰金を基準に死亡者に対して500万円程度を支払う「見舞金」ですませようとした。

これには被害者から猛反発が起こり、ようやく平成20年6月11日には「オウム被害者救済法」が成立する。国が死亡者について2000万円の賠償金を肩代わりすることとなった。アーレフが経済的に行き詰まることは、当初から予想されたことで、国が肩代わりするしか手立てはなかったはずである。国が消極的な姿勢をとったことで、アーレフの存続を正当化してしまうという愚かな方向に向かってしまったのだった。

一方、死刑確定後の麻原彰晃についてはまったく伝えられていない。果たして本当に精神的な病いに陥っていたのか、それとも詐病だったのか、その判断材料はまったく与えられなくなった。

これで、平成20年が終わろうとする時点で、3人の教祖が、拘置所ないしは刑務所に収監されたままになっていることになった。死刑が確定した麻原は東京拘置所におり、殺人罪に問われたライフスペースの高橋弘二と、詐欺罪に問われた法の華三法行の福永法源は、懲役刑で刑務所に送られている。

政界で低下する公明党のプレゼンス

平成の宗教史の最後の重要な主役、創価学会をめぐっても、この年、いくつかの出来事が起こっている。

4月には、中国から温家宝《おんかほう》首相が来日した。中国の首相が来日したのは6年半ぶりのことである。小泉政権のもと、靖国神社参拝の問題などをめぐって、両国の関係は悪化し、首脳の交流は途絶えていた。温首相は、今回の訪日を「氷を溶かす旅」と位置づけ、日中国交正常化35周年にあたる平成19年を、冷えきっていた両国の関係を修復するものにしようと精力的に活動した。

温首相は、中国の首相としてはじめて日本の国会で演説を行うとともに、天皇や首相をはじめ各党の党首や代表と会談をもったが、創価学会の池田大作名誉会長とも会っている。しかも、各党の党首や代表との会談の時間が15分から20分だったのに対して、池田との会談時間は30分にも及んだ。この様子は当日のNHKのニュースでも流された。

創価学会は中国との関係を極めて重視しており、文化的な交流を進めるとともに、中国が災害に見舞われたときには、そのたびに1000万円程度の寄付を行ってきている。

とくに創価学会では、池田が、昭和43年9月に行った日中国交正常化提言が、日中国交回復を推し進める上で重要な役割を果たしたという立場をとっていて、さまざまな機会にそれを強調している。

公明党が、日中国交回復において極めて重要な役割を果たし、当時の委員長だった竹入義勝が、田中角栄首相の意を受けて、中国側との折衝において積極的な役割を果たしたことは一般にも評価されている。ただ、池田の貢献となると、外部にはそれを指摘したり、評価する者はほとんどいない。

一方、7月には、参議院議員選挙が行われたが、その直前の6月15日には、現職の公明党の参議院議員である福本潤一が、次の選挙で公認を得られなかったことは納得できないとして、抗議し、離党するという出来事が起こる。

福本は、党の運営について、全体主義的だと批判し、その後の雑誌のインタビューでは、創価学会の幹部から、池田に東京大学から名誉教授の称号が取れないかとか、墓苑のための土地を探して来いと言われたなどと述べ、公明党が創価学会に支配されているかのような発言を行った。

これまでも公明党の議員が、党や創価学会に対して反旗を翻し、そのあり方や二つの組織の関係について批判を展開するようなことがあった。

この反乱劇の影響はそれほど大きなものではなかったが、7月の参議院議員選挙で、公明党は敗北し、獲得した議席数は10にも満たなかった。

それも、年金問題や大臣の問題発言で、連立を組み、選挙協力を行っている自民党が歴史的な大敗を喫したことの煽りを受けたからだった。公明党には、そうした逆風をはねのける力がなかった。

これによって、参議院で与党は過半数を下回り、衆議院とのねじれ現象が生まれる。それは、公明党の存在意義を大きく損なうこととなった。衆議院でも、参議院でも、公明党が与党に参画していようといまいと、政権の枠組みに変化はない状況が生まれたからである。

公明党は、自民党との連立を組んでから、8年が経った時点で、それまで握っていたキャスティングボートを失った。それは、公明党にとって大きな危機を意味した。

21人の逮捕者を出した紀元会の集団暴行事件

この年、宗教をめぐる新たな事件としては、紀元《きげん》会による集団暴行事件がある。

紀元会は、長野県小諸《こもろ》市にある新宗教の教団で、その創立は昭和45年頃に遡る。神道系の教団で、教祖は松井健介という人物だった。ただし、彼は平成14年に死亡していて、その後を次女の五十鈴《いすず》が継いでいた。「紀元水《きげんすい》」という不治の病にも効くという水が売り物で、一時はメディアでも紹介され、多くの信者を集めた。だが、松井が癌で亡くなったこともあり、その後は、信者は減っていた。

この教団では、9月24日の深夜から翌日未明にかけて、女性信者が、63歳の女性信者に殴る蹴るの暴行を加え、死亡させたとして、39名が傷害致死で逮捕された。逮捕者のなかには、4名の未成年者がいて、年齢は15歳から80歳にまで及んでいた。

逮捕者のうち26名が起訴され、一審で全員に有罪判決が下されたが、平成20年11月に、教祖の次女で教団の責任役員だった50歳の窪田康子に、暴行を主導したとして懲役12年の判決が下った。

平成20年(2008年) 民族化する創価学会とおひとりさま宗教

御本尊と聖地がなくなっても変化しない宗教団体

創価学会の池田大作名誉会長は、この年の1月2日、80歳を迎えた。彼が、日本で最も大きな新宗教のリーダーの地位についたとき、32歳であった。32歳という年齢は、元ライブドアの社長、堀江《ほりえ》貴文《たかふみ》が、フジテレビの買収に動いた年齢に相当する。

若くして組織の頂点にのぼりつめた池田も、老年に入った。平成の時代に入ってからは、しだいに一般の会員の前に姿を現すことはなくなり、あれほど頻繁に出かけていた海外に出ることもなくなった。海外で彼が顕彰されるようなときには、息子の博正がその名代をつとめている。あるいは、池田が海外に出ることはもうないのかもしれない。

池田を名誉会長に頂く創価学会も、平成の時代に入って大きく変貌した。とくに、日蓮正宗と決別の道を歩んだことは大きかった。それまで、創価学会の会員は、儀礼のいっさいを日蓮正宗の寺院に依頼してきたが、それがなくなった。葬儀にかんしては、会員仲間で営む友人葬が一般化した。

日蓮正宗と決別するということは、その総本山である大石寺に参拝しなくなったことを意味する。決別以降は、他に登山すべき場所もない。創価学会は、二代会長の戸田城聖が「幸福製造器」と呼んだ大石寺の「御本尊」を礼拝する機会を失い、聖地を喪失した。

本来、ある宗教が聖地を喪失したとしたら、それはその宗教の基礎を脅かす一大事になるはずである。もし、イスラム教が聖地メッカを失ったら、その根幹が揺らぐことになるだろう。実際、キリスト教は、聖地エルサレムをイスラム教徒に奪われ、その奪還のために幾度となく十字軍を組織した。

ところが、創価学会の場合、聖地を喪失しても、それが組織の基礎を揺るがすような重大事にはならなかった。そこに、創価学会という宗教組織の不思議さがある。聖地を失い、あれほどこだわってきた「御本尊」を拝めなくなっても、それが決定的な打撃にはならなかった。少なくとも、それを契機に脱会するような会員が多数出ることもなければ、分派や分裂が起こることもなかった。

このことは、創価学会とは何かを考える上で重要な意味をもっている。創価学会は宗教法人であり、在家の仏教教団であることは間違いない事実だが、その結成以来、長い時間を経るなかで、組織を統合するために宗教や信仰が果たす役割は相当に小さなものになってきているのである。

もはや民族になった創価学会員

創価学会の会員は、毎日、法華経の一部と「南無妙法蓮華経《なむみようほうれんげきよう》」を唱える「勤行《ごんぎよう》」を実践する建て前になっている。もちろん、毎日勤行を欠かさない会員は少なくない。それは、創価学会の宗教活動のもっとも重要な核になっている。

昔なら、朝や夕方、通りかかった家から、この勤行をする声が聞こえてくることが少なくなかった。ところが、最近では、そうした声を聞く機会は減っている。それは、コンクリートの住宅が多くなり、防音が進んだせいもあるが、創価学会の会員が勤行に熱心でなくなったことも関係している。創価学会では、海外の形式に合わせるとして、勤行の簡略化を認めるようになった。これによって勤行にかける時間は短くなった。

創価学会の会員たちは、定期的に地域の会館などに集まり、組織にとって伝統的な「座談会」を開いたり、皆で幹部会の衛星中継を見たりしている。ほかにもさまざまな会合があり、熱心な会員になればなるほど、会合に出る機会も多い。

そうなると、人間関係は、そのほとんどが創価学会関係で占められるようになっていく。男性なら、仕事上の付き合いで、創価学会の会員でない人間とも関係をもつが、主婦などになると、創価学会の会員としか日常的に顔を合わせなくなったりする。しかも、家族や親族も創価学会の会員であることが多い。

要するに、創価学会の会員にとって、自分たちの人間関係を維持するために、信仰という要素はほとんど必要とされなくなった。集まりがあれば、一緒に南無妙法蓮華経と唱えるかもしれないが、それは、習慣にすぎなくなっている。座談会では、日蓮の仏法にもとづく特殊な仏教用語が用いられるにしても、それは仲間内で使われる隠語のようなものにすぎない。

こうした創価学会の実態を見ていると、私は次第に、創価学会というのは必ずしも宗教組織ではないのではないかと考えるようになってきた。それは、むしろ「民族」に近いものなのではないか。最近では、そのようにさえ考えている。

民族という概念は複雑で、その条件を特定することは難しい。必ずしも人種とは結びついておらず、特定の生物学的な類似性をもっているとは限らない。ユダヤ人の場合にも、そのなかにはさまざまな人種が含まれており、ユダヤ教を信仰していることでユダヤ人と定義されている。あるいは、旧ユーゴスラビアの「ムスリム人」も、イスラム教の信者によって構成された民族である。そうしたことから考えれば、長い歴史を経るなかで、創価学会がすでに民族になりつつあると考えても、あながち間違っていないのではないだろうか。

勤行にしても、友人葬にしても、それは民族における慣習の域に達している。そうなると、創価学会の会員という言い方ではなく、「創価学会人」といった言い方も成り立ってくる。平成の時代に入ってからの創価学会は、「民族化」の方向に進んできたと言えるのではないだろうか。

創価学会の会員になるのは、主に、創価学会の会員によって構成された家族に生まれ落ちた人間である。彼らは、創価学会員の家族や親族、あるいは知人、友人のなかで育っていく。創価学園や創価大学に進めば、学校でさえ、創価学会的な環境のなかで過ごすことになる。そうした教育環境を与えられた創価学会員の子どもたちは、外側の社会にふれることなく、無菌状態で育ち上がっていく。

そうした創価学会員の子弟にとって、信仰は前提であり、空気のようなものである。彼らには、創価学会の会員になったという自覚もない。したがって、自分が創価学会の会員であると格別意識することもない。イスラム教の世界に生まれた人間が、そのままイスラム教徒になるように、創価学会の世界に生まれた人間は、そのまま明確な自覚がないまま創価学会の会員になっていくのである。

創価学会が民族化することで、民族性も育まれてきている。創価学会の会員は、概して明るく前向きである。過去を振り返ったり、反省したりすることなく、ひたすら前を向いて進んでいく。

いったん、そうした民族性をもつ集団のなかに生まれ、育ってしまえば、その外側に出ようとは考えなくなる。創価学会との関係を切ってしまうことは、下手をすれば、人間関係のほとんど全部を失うことを意味する。

今のところ、民族化した新宗教は創価学会以外には存在しない。それだけ、創価学会の会員の数が多く、会員同士が同じ地域に居住しているからである。会員が多いのは、庶民の住む下町の地域である。そうした地域には、はっきりと目には見えないものの、「創価学会タウン」が生まれている。目に見えるものがあるとすれば、それは公明党のポスターであろう。

創価学会の信仰が排他的な性格が強く、他の宗教や宗派の信仰を認めなかったことで、会員が地域の人間関係に組み入れられなかったことも、民族化する要因だった。

こうしたことに関連し、10月13日、気になる事件が起こる。徳島県の創価学会徳島文化会館が爆破された。被害は小さかったが、日中友好協会の入ったビルも爆破されており、マスコミには「民族義勇軍」を名乗る男からの犯行声明も届いた。

事実関係はいまだ明らかにはなっていないが、創価学会の民族化が進めば将来において同種の事件がくり返されるかもしれないのである。

おひとりさま宗教としての真如苑

現時点で、この創価学会の最大のライバルが、真如苑である。真如苑は、この年の3月、クリスティーズのオークションで、海外流出の危険性が叫ばれていた運慶作と言われる大日如来《だいにちにょらい》像《ぞう》をおよそ1280万ドルで落札し、大いに話題になった。

最初、落札者は三越と伝えられたが、同時に三越は代理で落札したことが明らかになった。すぐに本当の落札者が、真如苑であることが明らかになり、改めてこの教団の財力の大きさが注目された。平成14年の項目でふれたように、真如苑には、広大な日産工場跡地を購入し、それで世間をあっと言わせた過去がある。

その項目でも述べたように、広大な土地を取得しても、その用途は定まっていなかった。ところが、大日如来像を購入することで、その土地にこの仏像を祀るお堂の建設が決定された。用途不明の土地が利用価値をもつようになったのである。

創価学会とライバルであるとはいっても、二つの教団は、その性格をまったく異にしている。創価学会は、もともと現世利益の実現を約束し、組織の力によって幸福を実現すると説いてきた。政治の分野に進出したのも、より現世利益の実現を容易にするためだった。

ところが、真如苑の場合には、組織活動の果たす役割は小さい。信者たちは、平成18年に完成した立川の応現院という場所にやってきて、霊的なカウンセリングである接心を受けるが、それはあくまで個人的なことで、信者たちが組織として活動する余地ははるかに小さい。政治的な活動をしないのはもちろん、社会的な活動さえほとんど行わない。

真如苑においては、個人の霊的な救済ということだけが重要で、そこに本質がある。その救済システムは、スピリチュアル・ブームの主役である江原啓之のやり方に似ている。あるいは、オウム真理教の修行のやり方にも似ている。オウム真理教では、道場で集団で修行をすることはあっても、修行の内容は個人単位で決められていて、仲間と一緒に修行をするわけではない。真如苑もオウム真理教も、密教が基盤になっているところで共通している。

最近では、「おひとりさま」というあり方が注目を集めるようになっているが、真如苑は、スピリチュアル・ブームと同様に、「おひとりさま宗教」である。そのあり方は、創価学会とは根本的に違う。平成の時代を通して、もっとも中心的な存在となってきたのが、このおひとりさま宗教である。それは、集団の宗教である創価学会の対極に位置している。

おひとりさま宗教の出現は、平成の時代に入って一般化した「自分探し」ということと深く連動している。自分探しも、極めて個人的な行為であり、自分という存在にこだわろうとする。

現代の社会においては、さまざまな共同体や集団、組織が崩れ、個々人は、人間関係の絆を断ち切られて、ばらばらにされてしまっている。平成の時代になってから、地域共同体はおろか、家族でさえ、個人を支える人間関係のネットワークとしては十分に機能しなくなってきた。

そうした社会状況のなかでは、失われた集団、組織を再び作り上げていくのではなく、個々の人間は自分だけで救われていく道を見いだそうとする。

平成の時代に入ろうとしていた時点で、戦後を規定してきた東西の冷戦構造が崩れ、日本ではバブル経済も崩壊した。バブル経済の崩壊は、戦後の復興のなかで生まれた高度経済成長路線の最終的な終焉を意味した。

戦後的な枠組みが崩壊するなかではじまった平成の時代は、一方でグローバル化や情報化が進んだ時代でもあった。個人は、それによって従来のさまざまなしがらみから解放され、自由を味わうことができるようになったが、同時に、自分を支える集団やネットワークを失ってきた。

その意味で、新たな人間関係の絆として宗教が求められているとも言える。新しいタイプの宗教が希求されているとも言える。だが、そこに出現したのは、おひとりさま宗教である。それは個人に癒しを与え、一時の救いを与えてくれはするものの、安定した人生を送るための基盤を与えてくれるものではない。こうした傾向は、平成の時代が続く間、大きな変化を被ることなく継続されることになるであろう。果たして、おひとりさま宗教を超えるような、従来とはまったく異なる宗教が出現することになるのだろうか。

10月1日未明に大阪難波の個室ビデオ店で火災が起こり、15名の男性客が逃げ遅れて死亡した。

放火だった。逮捕された小川和弘容疑者は、犯行の半日前、奈良県の宗教関係者の家で、「ダイミ茶」という幻覚性の茶を飲んでいた。この茶は、ブラジルで土着の宗教とキリスト教が融合して生まれた「サント・ダイミ教」の儀式で用いられるもので、茶の成分であるアヤワスカには幻覚作用があった。犯人とこの宗教との関係は不明である。

ハリー・ポッターと『20世紀少年』

この年の7月23日、ハリー・ポッター・シリーズの最終巻、『ハリー・ポッターと死の秘宝』の日本語訳が刊行された。J・K・ローリングの書いたこの物語は世界で3億冊売れたと言われる。

その刊行がはじまったのが、1997年(平成9年)のことで、原著最終巻は日本語訳の1年前、2007年(平成19年)に刊行されている。このシリーズの刊行が続いていたあいだ、世界は宗教を背景としたテロに脅かされていた。そのことが、このシリーズの内容にも影を落としているように思われる。私はそうした角度から行った分析を『ハリー・ポッター　現代の聖書』(朝日新聞出版)にまとめた。

もう一つ、宗教を背景としたテロの影響を色濃く受けた作品が、浦沢直樹《うらさわなおき》の漫画『20世紀少年』だった。このシリーズは、平成11年から18年まで雑誌に連載され、映画がこの年、平成20年の8月末に公開された。映画は三部作の予定になっている。

物語は、「ともだち」と呼ばれる教祖を崇拝するカルト的な宗教集団が、世界征服、ないしは世界の全面的な破壊をめざす過程を追い、その野望を阻止しようとする主人公たちの姿を描き出していく。物語の構成には、オウム真理教が引き起こした事件の影響が強く表れており、その事件がなければ、生まれなかった物語だと言える。子どものたわいもない空想が、世界を破壊する野望のモデルになっている点でも、漫画的な世界を取り入れていたオウム真理教のことが影響している。

ただ、教祖であるともだちという存在は、麻原彰晃のような存在感をもっておらず、その正体を最後まで明かそうとはしない。すでに地下鉄サリン事件から13年が経ち、『20世紀少年』の熱心な読者となるような若い世代にとって、オウム真理教の事件は過去の出来事になりつつある。しかし、漫画というメディアを通して、事件はそうした若い世代にも影響を及ぼしている。それがいったいどこまで続くのか。そして、その影響は最終的にどういう形をとるのか。決着はまだついていないのである。

おわりに

ここまで、平成という時代における日本の宗教の歩みについて見てきた。なかでも、とくに重要な意味をもったのが、新宗教の動向であり、さまざまな教団が引き起こした事件の数々であった。

「はじめに」でも述べたように、昭和の時代においても、宗教は重要な意味を担った。科学や技術、そして経済が中心となる近代の社会においても、宗教は、それまでの時代とは異なる意味をもち、社会に対して強い影響力を発揮した。その傾向は、平成の時代に入ることで、さらに加速された。おそらく、本書を読んだ読者は、平成の20年間が「宗教の時代」であったという認識をもったのではないだろうか。

その感覚は間違っていない。平成の歴史をたどっていく上で、宗教というファクターを無視することはできない。むしろ、宗教を軸にその歴史を追っていった方が、平成の20年間とは何かを知ることに役立つはずである。

そこには、宗教をめぐる世界史的な転換という事態がかかわっている。

私が宗教学を学びはじめたのは、ちょうどオイル・ショックが起こった昭和40年代後半のことである。戦後の経済復興のなかから生まれた高度経済成長は曲がり角に達していた。学生運動や政治運動も退潮し、時代は変化しようとしていた。

ただし、その時代において、宗教学の主たるテーマになっていたのは、社会の世俗化であり、宗教の衰退という事態であった。なかには、欧米の社会で東洋の宗教への関心が高まるといった事態も生まれてはいたものの、とても宗教が時代を動かすような状況にはなかった。

そこに根本的な変化を生んだのが、1979年（昭和54年）に起こったイランの「イスラム革命」である。それまで、イスラムという宗教は、主に中東地域に展開する後進地域の宗教と見なされ、時代から取り残されていこうとしていた。

ところが、イスラム革命を契機に、イスラム教復興への動きが生まれ、イスラム教原理主義が台頭するようになる。やがてそこからは、イスラム教原理主義過激派が生まれ、テロを実践するに至るが、一方で、イスラム教復興の動きは、オイル・マネーを背景とした「イスラム教金融」を生むに至る。イスラム教復興は、たんに信仰の覚醒運動ではなく、社会の近代化に対応する経済的な分野での重要な試みでもあるのである。

こうしたイスラム教復興に引きずられる形で、世界のさまざまな地域で、諸宗教の復興という事態が生まれ、原理主義が台頭する。それによって、異なる宗教の間での対立や抗争といった事態も生まれ、現在の世界を語る上で宗教の存在を無視してはいられない状況が生まれている。

それは、宗教学の関心が世俗化に集中していた時代には考えられないことだった。先進国においても、アメリカで、プロテスタントの福音派が勢力を拡大し、レーガンやブッシュのような保守的な思想をもつ大統領を誕生させるまでに至っている。カトリックが浸透した中南米でも、最近ではプロテスタントの福音派が台頭し、バチカンは危機感をもっている。

宗教が復興し、力をもってくる背景には、「グローバル化」という事態が存在している。世界各国で金融の自由化が進められ、なおかつ情報化が進展することで、世界経済はグローバル化の方向に向かい、それは東西の冷戦構造が崩壊することによって加速された。東西の世界を隔てていた壁が崩されることで、金融資本は世界中に自由に投資先を見いだすことができるようになり、世界が経済を媒介に一つに結ばれた。

ただし、グローバル化は、金融資本の集中を招き、バブルの発生をくり返していくこととなった。平成の時代に入る直前に日本で起こったバブル経済は、その先駆けであり、その後、平成20年になって、世界的な規模でのバブルの崩壊、いわゆる「金融恐慌」という事態が生まれた。

経済のグローバル化とバブル化、そして情報化の進展によって、国民国家という枠組みが脅かされ、それぞれの国は国民を統合する軸としての役割を失うようになってきた。先進国は、どこも巨額の財政赤字に苦しみ、財政出動によって国民生活を守ることができなくなった。また、金利の低下によって、各国の中央銀行は、市場に介入し、それを操作することが困難になり、存在意義を失ってきた。

それは、国民国家という存在への信頼を失わせることにつながり、人々は、国家に代わるものに、自分たちの生活や生命を支えてくれることを期待しなければならなくなってきた。

そのとき、宗教の重要性が増すのは必然的なことである。国民国家の退潮と宗教の台頭とは並行する現象であり、それによって宗教の時代が訪れたのである。

世界の国々が、近代化を推し進めるようになる18世紀から19世紀にかけて、宗教は近代化を妨げる非科学的な存在として、無視され、軽視された。ところが、20世紀の終わりから21世紀はじめにかけて、事態は根本的に変化し、むしろ宗教の時代が訪れたのである。

平成の宗教の一つの主役であるオウム真理教の場合も、グローバル化の影響を強く受けている。それまで、日本の仏教教団は、中国や朝鮮半島を経由して伝えられた大乗仏教を基盤としていた。ところが、オウム真理教は、これまで宗教としては日本にほとんど伝えられていなかったチベット仏教を取り入れることで、教団として急速な拡大を実現した。

実は、チベット仏教への関心の高まりは、世界的な現象である。欧米のインテリ層のなかには、チベット仏教に強い関心をもつ者が少なくない。ダライ・ラマ14世が、世界各国で歓迎されるのも、そうしたことが背景にあるからである。

そこには、中国がチベット地域に侵攻し、チベット人僧侶を追い出したことが影響していた。チベットを追われた僧侶たちは、インドやネパールをはじめ、世界に散り、特異な密教を組み入れたチベット仏教を広めることに貢献した。中国でも、気功師たちがチベットへ向かい、そこで宗教的な技法を学ぶことで、信者を集めるようになる事態も生まれている。

あるいは、インドのグルたちも、先進国の信者を集めている。本文のなかで述べたサイババもそうだが、１９８１年（昭和56年）にアメリカにわたり、オレゴン州で宗教コミューンを建設したオショウ・ラジニーシ（最初は、バグワン・シュリ・ラジニーシと名乗っていた）も、その代表的な人物の一人である。

このラジニーシのコミューンは、地元の住民ともめ、反対派の住民が集まるレストランでサルモネラ菌を撒くといった事件も起こしている。この点で、彼らはオウム真理教の先鞭をつけたとも言える。

このように宗教のグローバル化が進行しているものの、こと日本に限っては、海外から宗教が入ってくることは、それほど多くはない。１３００年以上前に入ってきた仏教は定着したものの、キリスト教の場合には、はじめて伝えられてから500年近い月日が経とうとしているのに、それほど多くの信者を獲得できていない。

キリスト教徒の数が、人口の1パーセントにも満たないような国は、世界中でも珍しい。イスラム教国でさえ、一定程度のキリスト教徒が存在している。

イスラム教となれば、日本人の信者はほとんどいない。最近では、イスラム教国の外国人と結婚することで、イスラム教に改宗する日本人も、とくに女性は徐々に増えてはいるものの、目立った数にはなっていない。

平成における宗教史を振り返っても、韓国生まれのカルト的なキリスト教が問題を起こした程度で、海外の宗教をめぐっては大きな動きは起こっていない。中国の法輪功が日本国内でも一定程度の信者を獲得し、活動を展開しているのが目につく程度である。

ただ一つ、注目しておく必要があるのが、平成12年6月に東京の代々木上原にイスラム教の本格的なモスク、東京ジャーミイが開堂したことである。収容人員は2000名で、イスラム教の導師であるイマームが常駐している。

東京ジャーミイの前身は東京回教《かいきょう》学院で、それはロシア革命の際に、日本に逃れてきたトルコ人が戦前の昭和13年に建設したものである。私もそこに、石造りのモスクが建っていたのを記憶している。

ただし、その建物は老朽化し、取り壊された。トルコは、イスラム教国ではあるが、徹底した政教分離の政策がとられていて、国がモスク再建に直接金を出すわけにはいかない。そこで、トルコ国内で浄財を集め、それで建設されたのだった。

非常に立派なモスクで、東京に在住しているイスラム教徒が礼拝に訪れている。国を問わず、イスラム教徒であれば、誰でも訪れるのがモスクの特徴で、トルコ人の数は全体からすれば多くはない。

ただし、イスラム教が、イスラム教徒と結婚した以外の一般の日本人に広がる気配は見えない。

むしろ、グローバル化のなかで盛んなのは、日本の宗教の海外進出である。創価学会の場合には、創価学会インタナショナル、略してSGIが昭和50年に組織され、世界中の多くの国、地域に進出している。日本では会長を退いた池田大作が、SGIの会長をつとめている。

日本の創価学会は、現世利益の実現を約束して、社会の中下層に信者を獲得していったが、SGIの場合には、必ずしも中下層をターゲットにはしておらず、仏教思想を広めるための団体として、むしろ社会的に地位のある人間や学歴の高い人間を会員に取り込んでいる。

有名な海外会員としては、歌手のティナ・ターナー、ジャズ奏者のハービー・ハンコックとウェイン・ショーター、俳優のオーランド・ブルーム、元サッカー選手のロベルト・バッジョなどがあげられる。

しかし、創価学会以上に海外で成功している日本の新宗教が生長の家である。とくにブラジルに信者が多く、教会は100を超え、信者も250万人に達していると言われる。日本の生長の家が、近年大きく信者の数を減らしているのとは対照的である。日本では、生長の家の右派的な思想は、冷戦構造の崩壊以降有効性を失った。

他の国にも、日本の新宗教は進出しているが、その際には、その国の土着の信仰、あるいは伝統的な信仰を否定せず、一種の精神的な文化運動として進出するケースが多い。生長の家が、カトリックの強いブラジルで成功をおさめたのも、そうした方法がとられたからである。

ブラジルもその典型だが、経済のグローバル化が進むなかで、開発途上国のなかには経済発展を遂げている国が多く、そうした国では、経済発展に伴う社会格差が生じている。そのなかで、経済的に恵まれない層に陥っていく可能性のある人間が、現世利益を説く日本の新宗教に魅力を感じていく。つまり、日本の高度経済成長の時代に起こっていたことが、今や開発途上国で同じような形で起こっているわけである。その意味では、日本の新宗教の海外進出は、これからも継続されていくことになるであろう。

日本における宗教をめぐるこれからの状況を考えてみたとき、伝統的な習俗としての信仰が大きく変容していくことが予想される。

これは、平成の20年間の歴史を追うなかでも、すでにところどころで言及したが、葬儀をめぐる習俗は大きく変わろうとしている。自然葬、散骨は平成になってからの新しい動きだし、創価学会の友人葬も、葬儀の簡略化としてとらえることができる。

一般の葬儀においても、平成の時代に入って簡略化はかなり進んでおり、大規模な葬儀が減り、法要の機会も減ってきた。高齢者が亡くなった場合、参列者が少なく、家族だけの密葬で済ませることが増えてきた。そうした葬儀は、「家族葬」と呼ばれる。さらに、通夜や葬儀をまったく行わず、火葬場に直行して、そこでの簡単な儀式で済ませてしまう「直葬《じきそう》」も次第に広がる気配を見せている。ある調査では、葬儀全体の6割が家族葬で2割が直葬だという結果も出ている。

葬儀の際に、そのまま続けて四十九日の法要を済ませてしまうことはすでに一般化し、最近では、通夜と告別式を一元化してしまうようなことも行われるようになってきた。

こうした葬儀の簡略化には、昭和の時代にはじまった核家族化がさらに進行し、家族や親族の規模が縮小するとともに、葬儀を通して家の威信を外に向かって示す必要がなくなったという事態が関係している。

それは、平成の時代に、結婚式において、媒酌人、仲人を立てない慣習が、一挙に広まったことと連動している。一般に、伝統的な習俗が変化するには、相当に長い時間を必要とするわけだが、これだけ急速に習俗が変化したことは、平成の時代において、家族関係や社会関係が急速に変容したことを意味している。

習俗の変容は、宗教にも影響を与えていく。先祖供養、祖先崇拝の重要性が低下することで、そうした信仰を活動の核としてきた宗教教団も変容を迫られている。友人葬を導入した創価学会は、いち早くその事態に対応しているとも言えるが、他の新宗教では、まだ目立った動きは起きていない。

スピリチュアル・ブームも、伝統的な習俗や宗教の変容と無関係ではない。そうしたブームは、いかにも都市的なもので、都会に住んで、最先端の生活を送っていながら、さまざまな悩みを抱え、一人で苦しんでいるような人間が、とくにスピリチュアルなものに関心を寄せる。平成20年の項目で、おひとりさま宗教について言及したが、それが現在のトレンドなのである。

果たして、こうした宗教をめぐる状況が、これからの時代において、どのように変化を遂げていくかを予想することは難しい。平成がはじまった時期に、その後の20年間で、これだけ宗教をめぐってさまざまな出来事が起こることを予想した人間はいなかったであろう。

もちろん、私にも予想外、想定外のことで、まして自分がそうした歴史の流れのなかに巻き込まれるとは考えもしなかった。

それほど未来を予測することは難しいが、少なくとも、これからの時代において、宗教という側面に関心をもち続けることが不可欠だということについては、異論はないであろう。

何が起こるかはわからないにしても、宗教はこれからの世界を考える上で一つの重要な鍵となっている。平成という時代は、どこまで続いたとしても、宗教の時代にほかならないのである。

著者略歴

島田裕巳《しまだひろみ》

一九五三年東京都生まれ。宗教学者、文筆家。
東京大学大学院人文科学研究科博士課程修了。
放送教育開発センター助教授、日本女子大学教授、
東京大学先端科学技術研究センター特任研究員を経て、
現在は同客員研究員。
最近のおもな著作には大ベストセラーとなった
『日本の10大新宗教』(幻冬舎新書)の他、
『創価学会』(新潮新書)、
『中沢新一批判、あるいは宗教的テロリズムについて』(亜紀書房)、
『3種類の日本教』(講談社+α新書)、
『ハリー・ポッター　現代の聖書』(朝日新聞出版)、
『新宗教ビジネス』(講談社)などがある。

幻冬舎新書 104

平成宗教20年史

二〇〇八年十一月三十日 第一刷発行

著者 島田裕巳
発行者 見城徹
発行所 株式会社 幻冬舎
〒一五一-〇〇五一東京都渋谷区千駄ヶ谷四-九-七
電話 〇三-五四一一-六二一一(編集)
〇三-五四一一-六二二二(営業)
振替 〇〇一二〇-八-七六七六四三
ブックデザイン 鈴木成一デザイン室
印刷・製本所 図書印刷株式会社

検印廃止

Printed in Japan ISBN978-4-344-98103-4 C0295
し-5-2

幻冬舎ホームページアドレス http://www.gentosha.co.jp/
*この本に関するご意見・ご感想をメールでお寄せいただく場合は、comment@gentosha.co.jpまで。

幻冬舎新書

紺谷典子
平成経済20年史

バブルの破裂から始まった平成は、世界金融の破綻で20年目の幕を下ろす。この20年間を振り返り、日本が墜落した最悪の歴史とそのただ1つの原因を解き明かし、復活へ一縷の望みをつなぐ稀有な書。

平野貞夫
平成政治20年史

20年で14人もの首相が次々に入れ替わり、国民生活は悪くなる一方。国会職員、議長秘書、参院議員として、政治と政局のすべてを知る男が書き揮う、この先10年を読み解くための平成史。

島田裕巳
日本の10大新宗教

創価学会だけではない日本の新宗教。が、そもそもいつどう成立したか。代表的教団の教祖誕生から社会問題化した事件までを繙きながら、日本人の精神と宗教観を浮かび上がらせた画期的な書。

香山リカ
スピリチュアルにハマる人、ハマらない人

いま「魂」「守護霊」「前世」の話題が明るく普通に語られるのはなぜか？　死生観の混乱、内向き志向などとも通底する、スピリチュアル・ブームの深層にひそむ日本人のメンタリティの変化を読む。